BEI GRIN MACHT SICI
WISSEN BEZAHLT

- Wir veröffentlichen Ihre Hausarbeit,
  Bachelor- und Masterarbeit

- Ihr eigenes eBook und Buch -
  weltweit in allen wichtigen Shops

- Verdienen Sie an jedem Verkauf

Jetzt bei www.GRIN.com hochladen und kostenlos publizieren

Bibliografische Information der Deutschen Nationalbibliothek:

Die Deutsche Bibliothek verzeichnet diese Publikation in der Deutschen National-
bibliografie; detaillierte bibliografische Daten sind im Internet über http://dnb.d-
nb.de/ abrufbar.

Impressum:

Copyright © 2017 GRIN Verlag, Open Publishing GmbH
Druck und Bindung: Books on Demand GmbH, Norderstedt Germany
ISBN: 9783668612396

Dieses Buch bei GRIN:

https://www.grin.com/document/387168

Nora Hansch

Wenn Frauen Morden. Serielle Tötung durch weibliche Täter

GRIN Verlag

GRIN - Your knowledge has value

Der GRIN Verlag publiziert seit 1998 wissenschaftliche Arbeiten von Studenten, Hochschullehrern und anderen Akademikern als eBook und gedrucktes Buch. Die Verlagswebsite www.grin.com ist die ideale Plattform zur Veröffentlichung von Hausarbeiten, Abschlussarbeiten, wissenschaftlichen Aufsätzen, Dissertationen und Fachbüchern.

Besuchen Sie uns im Internet:

http://www.grin.com/

http://www.facebook.com/grincom

http://www.twitter.com/grin_com

Universität Bielefeld
Vorlesung: Grundlagen der Kriminologie
Sommersemester 2017

Wenn Frauen Morden

Serielle Tötung durch weibliche Täter

Nora Hansch

Inhaltsverzeichnis

1. Einleitung

Nachdem Aileen Wuornos 1990 verhaftet wurde, sprachen die Medien von der ersten Serienmörderin. Bis zu diesem Zeitpunkt galt Serienmord als männliches Phänomen. Jedoch zeigen die ersten Aufzeichnungen über Serienmorde, dass der erste bekannte Serienmörder eine Frau war – Locusta, die Giftmörderin, welche unter anderem Kaiser Claudius ermordete. (vgl. Newton 2011:134) Mordende Frauen sind innerhalb der Gesellschaft immer noch ein Tabu Thema, da die allgemeine Annahme weiterhin davon ausgeht, dass Frauen nicht fähig sind zu töten. Da erscheint eine Serienmörderin besonders abwegig.

In der Fachliteratur findet man nur wenig zu weiblichen Tötungsverbrechen.

Brückner klassifizierte die vier Situationen des „Gewinnmordes", des „Sexualmordes", des „Deckungsmordes", und des „Konfliktmordes" nach v. Hentigs, ohne überhaupt darauf einzugehen, dass auch Frauen töten. Auch in Guttmachers Einteilung sucht man vergeblich nach einer Erwähnung von mordenden Frauen. Bei Göppinger findet man zwar eine Erwähnung, jedoch kommt dieser zum Schluss, dass sich eine „spezifisch weibliche Kriminalität" nicht nachweisen lässt. Burgheim äußert daher die unausgesprochene Feststellung, dass „weibliche (Tötungs-)Kriminalität auf die gleichen Ursachen zurückgeht wie die männlichen und lediglich ihr quantitativer Anteil [...] geringer ist." (Burgheim 1994:232) Auch wenn die weiblichen Tötungsdelikte statistisch mit einbezogen werden, fehlt es an analytischen Aspekten wie zum Beispiel: sich diese auf die unterschiedlichen Situations – oder Persönlichkeitstypen verteilen. Burgheim bezieht sich dabei nicht auf Serienmörderinnen, sondern beschäftigt sich im allgemeinen mit weiblichen Tötungsverbrechen.

So geht Burgheim davon aus, dass weibliche Tötungsdelikte nicht als eigenständiges Phänomen analysiert werden, sondern immer die männliche Sichtweise bewertet wird. Das Hauptaugenmerk liegt nicht darauf warum Frauen Straftaten begehen, sondern warum sie weniger Straftaten als Männer begehen. „Die männliche Kriminalität wird a priori zum Maßstab erhoben, durch den die weibliche Erscheinungsform definiert wird." (Burgheim 1994:233)

Hierbei zeigt sich, dass die Erhebung weiblicher Kriminalität einen untergeordneten Stellenwert einnimmt und männliche Täter eine Präferenz einnehmen. Diese Verteilung erklärt auch, warum das Phänomen der Serienmörderin einen geringeren Anteil in der Fachliteratur einnimmt.

Diese Arbeit beschäftigt sich hauptsächlich mit der Thematik des weiblichen Serienmörders.

Warum und wie töten Frauen in Serie? Und welche Unterschiede sind im Bezug auf männliche Serienmörder zu erkennen? Im Anhang finden sich jeweils eine Stichprobe zu weiblichen und männlichen Serienmördern auf deren Beispiele sich die Arbeit bezieht.

2. Definition Serienmord

Eine einheitliche Definition für den Begriff Serienmord zu finden ist fast unmöglich. Es gibt verschiedene Aspekte, die unterschiedlich eingestuft werden. So variieren die Aussagen zur Anzahl der Tötungsdelikte, Örtlichkeiten, Zeitspanne, Motiv und Täter – Opfer – Beziehung. Die Definition im deutschen Duden bezieht sich lediglich auf Serienmörder/in und meint einen „Mörder/in der/die eine Reihe gleichartige/r Morde begeht." (Duden Online 2016)

Im FBI-Handbuch *Crime Classification* von 1992 wird Serienmord als „drei oder mehr zeitlich getrennte Geschehnisse an drei oder mehr unterschiedlichen Orten mit einer emotionalen Abkühlperiode zwischen den Morden" definiert. (Newton 2000:424)

Diese Definition weißt jedoch gewisse Mängel auf, da sie Mörder mit nur zwei Opfern und vorhandener Abkühlphase ausschließt, die vor begehen des dritten Mordes gefasst werden. Auch erweist sich die Definition als schwierig bei Tätern die sehr lange Zeitabstände zwischen den Morden verstreichen lassen. Außerdem ist die Definition der Örtlichkeit nicht zielführend, da einige bekannte „Serienmörder" hiermit aus dem Raster fallen würden, da sie ihre Opfer immer wieder an der gleichen Stelle töteten, zum Beispiel: John Gacy, Dean Corll, Dennis Nilsen.

Auch die Länge der „Abkühlphase zu definieren erweist sich als äußerst schwierig. In der Fachliteratur liegt die Spanne zwischen einigen Stunden bis zu Jahren, auch das FBI selbst konnte hierbei keine genaue Aussage treffen. (Newton 2000:424)

Das *National Institute of Justice (NIJ)* definierte 1988 Serienmord als „ eine Serie von zwei oder mehr Morden, die als getrennte Ereignisse begangen werden und meistens, aber nicht immer, von einem Einzeltäter. Die Verbrechen können sich innerhalb einer Zeitspanne von Stunden bis zu Jahren ereignen. Das Motiv ist oft psychologischer Natur und das Verhalten des Täters sowie die physische Beweise am Tatort weisen sadistische, sexuelle Untertöne auf." (Newton:2000:425)

Diese Definition ist deutlich weit gefasster und klammert einige Kritikpunkte aus.

Der Aspekt der physische Beweise, die als sexueller und sadistischer Natur definiert werden, trifft aber selten auf weibliche Serienmörderinnen zu.

Eine weitere und sehr aktuelle Definition des FBI lautet sinngemäß: „gesetzwidrige Tötung von zwei oder mehr Opfern durch denselben (oder dieselben) Täter zu verschiedenen Gelegenheiten." (Harbort 2017:11)

Stephan Harbort befasst sich seit Mitte der 90er Jahre mit Serienverbrechen und gilt als deutscher „Experte für Serienmorde und Täterprofile". Er kritisiert, dass diese Definition nicht „trennscharf" genug ist, da es keinen Bezug auf schuldunfähige Täter, Straftatbestände und versuchte Tötungen nimmt. (Harbort 2017:11)

Für Harbort „liegt ein Serienmord vor, wenn der/die voll oder vermindert schuldfähige TäterIn alleinverantwortlich oder gemeinschaftlich mindestens zwei versuchte bzw. vollendete Tötungsdelikte begeht (§§ 211 [Mord], 212 [Totschlag], 213 [minder schwerer Fall des Totschlags] StGB), die jeweils von einem neuen Tatentschluss getragen werden und in keinem inneren Zusammenhang stehen." (Harbort 2017:12)

Auch bei dieser Definition ist umstritten in wie weit versuchte Tötungen mit einbezogen werden sollten und können, da grundsätzlich kein Mord vorliegt.

Gesche Gottfried, eine verurteilte Serienmörderin, vergiftete insgesamt 30 Menschen, mit der Absicht ihren Tod herbeizuführen – 16 Menschen davon starben. Innerhalb der Rechtsprechung ist dies ein entscheidender Faktor, der maßgeblich die Urteilsfindung beeinflusst. Daher ist davon auszugehen, dass versuchte Tötungen eine ebenso wichtige Rolle, wie durchgeführte Tötungen spielen, wenn man das Phänomen Serienmord verstehen, analysieren und erklären will, da die Absicht des Täters die selbe bleibt. Weiterhin bleibt genauso umstritten in wie weit Schuldunfähigkeit eine Rolle spielt, innerhalb der Definition von Serienmorden.

Zusammengefasst gibt es immer noch viele umstrittene Aspekte um Serienmord zu definieren, obwohl der Terminus schon 1934 durch Engelhardt genutzt wurde.

Alle Definitionen legen Wert darauf die Taten voneinander abzugrenzen, um nicht mit Mord, Doppelmord, SPREE – Mord und Massenmord Definitionen zu kollidieren. Auch das vorliegen mehrerer Opfer kristallisiert sich heraus. Abweichende Aspekte erkennt man vor allem in der Örtlichkeit, Anzahl der Opfer und die Länge der Abstände zwischen den Taten.

Trotz das es in den vergangenen Jahrhunderten immer wieder zu Serienmorden gekommen ist, steckt die Forschung zu diesem Phänomen immer noch in den Anfängen, was durchaus erklärt warum schon die Definition so schwer fällt.

3. Typisierung

Im englischsprachigen Raum wird eine Klassifikation nach Holmes verwendet, die den Serienmörder in vier verschiedene Typen, nach Motiven, einteilt.

Der *visionary killer* tötet bestimmte Opfer, aufgrund von Halluzinationen und Wahnvorstellungen. Die Täter werden als psychotisch und unzurechnungsfähig beschrieben, bilden dabei aber eine Minderheit unter den bekannten Serienmördern.

Der *missionary killer* tötet eine soziale Gruppe, gegen die er Hassgefühle hegt. Das töten wird hierbei als eine Art Feldzug beschrieben.

Dabei ist dieser Tätertyp nicht als psychisch krank anzusehen und lebt meist unauffällig und angepasst in seiner Umgebung.

Der *hedonistic killer* umfasst drei Untergruppen. Der *lust murderer* tötet um sexuelle Befriedigung zu erlangen. Der *thrill-oriented killer* tötet aus Neugierde und dem Wunsch nach extremen Erfahrungen. (Mordlust) Sadistische Handlungen an den Opfern sind in beiden Fällen möglich, die mit der Verstümmlung und/oder Zerstückelung des Opfers einhergehen kann.

Die dritte Untergruppe umfasst den *comfort-oriented killer.* Dieser Tätertyp hat kein Interesse am Töten selbst, sondern tut dies nur um andere Zwecke zu erreichen, wie zum Beispiel der Bereicherung an finanziellen Mitteln.

Die letzte Typisierung nach Holmes umfasst *Power and Control.* Hierbei geht es darum das Opfer vollständig zu dominieren und die alleinige Macht über das Leben und den Tod zu besitzen. Sexuelle Handlungen sind hierbei möglich, steht jedoch nicht im Vordergrund, da das Ziel die Machtausübung ist. (Neubacher 2003:46)

Stephan Harbor typisiert Serienmörder, anhand empirischer Erkenntnisse, in sechs verschiedene Tätertypen und weicht damit von dem gängigen Model ab.

Diese Typisierung ergibt sich anhand der Motivation aus der heraus getötet wird.

Der *Serien-Sexualmörder* wird durch eine starke sexuelle Präferenz charakterisiert. Dabei ist es unabhängig ob die sexuelle Komponente vor, während oder nach der Tatausführung stattfindet. Eine sexuelle Stimulation beim eintreten des Todes ist nicht zwingend erforderlich, da der Stellenwert und die Durchführung von Täter zu Täter variieren, jedoch meist die „devianten Sexual und/oder Gewaltphantasien des Täters" wieder spiegelt. (Harbor 1999:646)

Der *Serien-Raubmörder* begeht die Tat aus reiner Habgier und möchte sich direkt, durch den Tod des Opfers, bereichern. Die Tötung dient dazu Widerstand zu brechen oder verhindern oder aber um den Raub selbst zu verschleiern.

Der *Serien-Beziehungsmörder* tötet ausschließlich im Familien., Verwandten-, und /oder Bekanntenkreis. Hierfür können zwei Gründe vorliegen. Einerseits die Bereicherung durch Erbschaft oder Lebensversicherungen oder aber das herauslösen aus schwierigen Konflikten innerhalb des engeren Umfeldes.

Serien-Gesinnungsmörder töten aus politischen, religiösen oder ethisch/ideologischen Beweggründen. „Solche Taten werden weniger durch eine individuelle Disposition, sondern vornehmlich durch komplexe gesellschaftliche Veränderungen geprägt." (Harbor 1999:646) Im Unterschied zu den anderen Typen ziehen Gesinnungstäter, aus ihren Taten, weder einen Lustgewinn, noch eine finanzielle/ materielle Bereicherung.

Am bekanntesten ist in diesem Bezug das Phänomen der Patiententötung in Krankenhäusern/Pflegeheimen usw.)

Eine weitere Charakterisierung umfasst die *Serien-Auftragsmörder* die sich als Dienstleister verstehen. Hierbei kommt es entweder zu finanziellen Vorteilen oder aber der Täter steht in einer persönlichen/ milieubedingten Abhängigkeit zum Auftragsgeber.

Der sechste Tätertyp umfasst den *Serien-Dispositionsmörder.* Die Beweggründe lassen sich hierbei nicht auf einen Aspekt herunter reduzieren. Sowohl intrinsische (Sexual- und Beziehungsmorde) als auch extrinsische (Raub- und Auftragsmord) Beweggründe können bei diesem Täter, in Kombination, auftreten. Die aktuellen Bedürfnisse des Täters dominieren hierbei den Tatentschluss. (Harbor 1999:646)

Harbor erweitert dabei das Spektrum maßgeblich und bezieht sich nicht hauptsächlich auf den Sexualmörder. Gerade durch die Fallgruppen der Beziehungs- und Auftragsmörder werden Taten mit einbezogen, die bis dato nicht Gegenstand der Diskussion waren.

So auch der umstrittene Aspekt von seriellen Patienten- und Kindstötungen. (Neubacher 2003:46)

Ein weiterer Unterschied der Typisierung ergibt sich innerhalb der bevorzugten Tötungsart.

Studien, innerhalb der verschiedenen Vergleichsgruppen, ergaben dass 96,4% aller Sexualmörder eher zu persönlicheren Tötungsarten neigen. Prozentual lassen sich folgende Tötungsarten mit Sexualmördern in Beziehung setzten: Erdrosseln (28,3%); Erschlagen (23,2%); Erstechen (22,5%); Erwürgen (21%). Raubmörder neigen in 54,1% aller Fälle dazu Distanzwaffen zu nutzen. In 73,9% aller untersuchten Beziehungs- und Gesinnungsmorde wurden die Opfer durch den Einsatz von Gift oder Medikamente getötet. (Harbor 1999:647)

Habor kommt außerdem zum Befund, dass ausschließlich sexuell orientierte Mörder fast immer als Einzeltäter auftreten, die sehr selten in ihrer Vorgehensweise variieren und dabei engen körperlichen Kontakt suchen. (Neubacher 2003:47)

Zusätzlich weisen Serienmörder häufig Persönlichkeits- und Verhaltensstörungen auf. So konnte in 90% aller untersuchten Täter, Merkmale einer dissozialen Persönlichkeit festgestellt werden. Dazu zählen: emotionale Labilität, Gemütsarmut, Verantwortungslosigkeit, egoistische/egozentrische Grundhaltungen, geringe Frustrationstoleranz, eingeschränkte Impulskontrolle und Minderwertigkeitsgefühle.

Im Falle der Sexualmörder konnte in 40% aller untersuchten Fälle eine multiple abnorme sexuelle Präferenz nachgewiesen werden, im Besonderen Sadismus und Fetischismus.

Auch sexuelle Beziehungsstörungen konnten in den meisten Fällen nachgewiesen werden, welche entweder sexuellen Kontakt nicht zu lässt oder eine sexuelle Befriedigung innerhalb bestehender Beziehungen unmöglich macht. Für Power and Control und Sexualmörder wird die Tat zu einer Art „Rache", hervorgerufen durch subjektiv erlebte Demütigung oder Zurückweisung in der Vergangenheit. Der Täter versucht damit das Gefühl von Dominanz, Macht und Überlegenheit auszuleben. Der Täter benutzt oft die Öffentlichkeit/Medien als sein Publikum um seine Phantasien auszuleben und Anerkennung zu erlangen, was ihm wieder ein Machtgefühl verleiht.

„Herr über Leben und Tod zu sein, ist für ihn die ultimative Form von Macht und Dominanz." (Neubacher 2003:47)

Es ist anzunehmen, dass der Sexualmörder mit dem Typ von Power and Control einher geht oder zumindest verschmelzen kann. Besonders sadistische Folterungen von Opfern können beide Merkmale aufweisen. Die Folterung kann sowohl als Befriedigung sexueller Bedürfnisse verstanden werden, als auch der Machtausübung dienen. Die Macht über ein Opfer zu haben kann ebenso als sexuelle Befriedigung gelten. Homes sagt beim Power and Control Typ steht die sexuelle Befriedigung nicht im Vordergrund – jedoch kann jemanden zu dominieren die sexuelle Befriedigung an sich sein.

Bezieht man diese Tätertypen auf weibliche Serienmörder wird eine deutliche Präferenz, innerhalb der Motivation, sichtbar. Die Begriffe *Schwarze Witwe ,Todesengel und Babyfarmin* tauchen besonders im Zusammenhang mit Serienmörderinnen auf und spiegeln, in diesem Zusammenhang, den Serien-Beziehungsmörder und Serien-Gesinnungsmörder wieder, oder nach Holmes den comfort-oriented killer.

3.1 Schwarze Witwe

Die Kriminologie nutzt den Begriff der *schwarzen Witwe* in Anlehnung an die giftige Spinne, die ihr Männchen nach der Kopulation verschlingt. Im kriminologischen Kontext beschreibt das Phänomen der schwarzen Witwe, Frauen die ihre Ehemänner, Liebhaber oder Verwandte töten. Auch Frauen die ihre eigenen Kinder töten fallen unter diese Kategorie der Serienmörderinnen.

Eines der häufigsten Motive für diese Taten sind die finanziellen Bereicherungen durch Erbschaft oder die Auszahlung von Lebensversicherungen.

Andere Motivationen können ebenso auftreten und sind häufig psychologischer Natur. Die Tötung dient hierbei als Konfliktbewältigungsstrategie, sei es um Aufmerksamkeit zu erhalten, Beziehungsprobleme zu lösen oder ähnliche Problematiken die in zwischenmenschlichen

Interaktionen auftreten können. „In den meisten Fällen befinden sich die Täterinnen in einer privaten oder beruflichen Sackgassensituation, die sie nur durch die Tötung des Opfers glauben auflösen zu können. Hat sich diese radikale Problemlösungsstrategie einmal bewährt, wird sie bei Bedarf wieder angewendet, zumal rasch eine Tötungsgewöhnung eintritt. Bei Serienmörderinnen ist im Gegensatz zu anderen Tötungen durch Frauen allerdings nicht das Opfer selbst das Problem, sondern die Täterin. Der Problemlösungsversuch muss demnach misslingen, weil die zu den Taten führenden psycho-sozialen Defizite der Täterin letztlich unangetastet bleiben und fortwährend neue Tat-Anreize produzieren. Die zwangsläufige Folge aus diesem Teufelskreis sind weitere Taten."
(Ebner 2008)

Im Falle der schwarzen Witwe, in Person, ist die meist genutzte Tötungsart der Giftmord. Hierbei können klassische Gifte wie zum Beispiel Arsen eingesetzt werden, aber auch Medikamente, die überdosiert werden, finden ihren Einsatz. Innerhalb der eigenen Stichprobe lässt sich festhalten, dass 63,33% (n=30) der gelisteten Frauen ihre Opfer vergiften. 36,67% (n=30) gelten durch die Opferwahl als sogenannte Schwarze Witwe. Von diesen ca. 37% töteten insgesamt 72,73% (n=11) der Täterinnen ihre Opfer mit Gift oder Medikamenten.

Im Bezug auf Kindstötungen sind die „bevorzugten" Methoden ertränken und ersticken. Innerhalb der Stichprobe trifft dies auf 20% (n=10) der sogenannten schwarzen Witwen zu.

63,64% (n=11) konnten sich durch die Tötung ihrer Opfer finanziell Bereichern, sei es durch die Auszahlung des Erbes oder der Lebensversicherungen.

Lydia Shermann, eine US-amerikanische Serienmörderin, die insgesamt 11 Menschen tötete, ihre 3 Ehemänner, ihre 7 Kinder und die Stieftochter, erhielt von ihrem ersten Ehemann die Lebensversicherung und versicherte mit diesem Geld ihre eigenen Kinder, die sie dann mit Arsen ermordete, um die Prämie zu erhalten.
Die bekannte Serienmörderin Elfriede Blauensteiner, die unter anderem ihren Ehemann und einen Liebhaber ermordete, erbte von all ihren Opfern.

Innerhalb der Tötung von Kindern ergibt sich eine Besonderheit. Säuglinge erhalten direkt nach der Geburt keine Hilfe durch die Mutter, wodurch sie sterben. So auch im Beispiel von Sabine Hilschenz, die neun ihrer Babys auf diese Weise getötet hat. Zu ihrem Motiv schweigt sie bis heute. Frank Häßler befasst sich mit den Phänomen der Kindstötung. Zu den Motiven erklärt er: „Die Täterinnen hatten keine schwerwiegenden psychischen Störungen bzw. Erkrankungen, wiesen aber häufig auffällige Persönlichkeiten mit einer ausgeprägten Fähigkeit, unangenehme Dinge auszublenden, Probleme zu verleugnen und sich passiv zu verhalten, auf.

Sie behandelten ihr Neugeborenes wie einen Fremdkörper, dessen sie sich schließlich möglichst schnell aktiv durch direkte Aggressivität gegen den Körper des Kindes oder passiv durch ausbleibende Versorgung entledigen wollten." (Häßler 2014: 205) Die Kindsmörderin Hilschenz wird als zurückhaltend und schüchtern beschrieben. Zudem sei sie unsicher und hat nie gelernt selbstständig zu sein. Von ihren Schwangerschaften erzählte sie niemandem. Sie betrank sich, gebar die Kinder und wartete bis die Neugeborenen verstarben. Die Staatsanwaltschaft plädierte auf Mord, da die vorangegangenen Taten so vertuscht werden sollten. Die Richter verurteilten Hilschenz wegen 8 fachen Totschlages ,1 Fall war bereits verjährt. Sie begründeten die Frau hätte „in einer prägenden Konfliktlage gehandelt. Sie sei in ihrer Situation allein gewesen und habe Angst gehabt, ihr Mann könne sie verlassen. Bei ihren Taten hätten nicht niedrige Beweggründe, sondern das Verlangen, die Familienbande aufrecht zu erhalten, im Vordergrund gestanden." (Mayer 2006:4) Dieser Fall bestätigt Stefan Harbors Aussage, dass eine Sackgassensituation zum Mord führt, welcher als Problemlösungsstrategie fungiert. Dadurch stellt sich eine Tötungsgewöhnung ein, da die bestehenden Probleme scheinbar verschwinden.

Fälle von unterlassener Hilfestellung, an Kindern, sind auch im Bereich des *Babyfarmings* bekannt, worauf im späteren Verlauf eingegangen wird.

Vera Renczi, eine rumänische Serienmörderin, die insgesamt 35 Menschen, bestehend aus Ehemännern und Liebhabern, mit Arsen vergiftete tötete laut eigener Aussage, aufgrund von Eifersucht und aus Angst Verlassen zu werden. Unter ihren 35 Opfern befand sich auch ihr eigener Sohn, der das Massengrab im Keller seiner Mutter fand und sie bei der Polizei anzeigen wollte. Um ihre Morde zu verschleiern tötete sie ihn. (Murakami 2003:149)

In diesem Fall ist der Auslöser eine starke Verlustangst – also eine psychologische Ursache. Schon im Jugendalter wurde Renczi als promiskuitiv und rebellisch beschrieben. Sie hatte viele Sexualpartner. Jedoch wurde sie als „krankhaft besitzergreifend" beschrieben, sodass eine Trennung von ihr zu massiven Problemen führten. Im Verlauf begann sie die Männer zu töten, sobald sie ihrer überdrüssig waren und sich anderen Frauen zuwandten. Laut eigener Aussage saß sie oftmals zwischen den Särgen und „erfreute sich der Gesellschaft ihrer sie anbetenden Männer." (Newton 2000:383/84) Dieses Verhalten spiegelt eine schwerwiegende emotionale Störung wieder, die zu den Morden geführt haben. Psychologische Aspekte spielen bei weiblichen Serienmörderinnen, neben der finanziellen Bereicherung, eine tragende Rolle. Dies ist auch in Kombination möglich.

Gesche Gottfried, die bekannte Bremer Giftmörderin, vergiftete insgesamt 30 Menschen. 16 davon starben an den Folgen der Arsenvergiftung. Unter ihren Opfern befanden sich zwei Ehemänner , ihre Kinder, ihre Eltern und ihren Bruder sowie weitere Bekannte/Verwandte. Gottfried galt als sexuell aufgeschlossen und hatte schon mit 15 Jahren zahlreiche Affären. Ihren Ehemann und ihre Kinder tötete sie um ihren sozialen Abstieg zu verhindern, da ihr Mann oft betrunken und gewalttätig war. Lange wurde angenommen das Gottfried nur aus Habgier tötete, jedoch belegen alte Prozessakten, dass weitere Aspekte mit rein gespielt haben. Vor Gericht sagte Gottfried :" Einen Grund hatte ich nicht, bloß einen Trieb, es zu tun." (Bleyl 2010) Des weiteren gab sie an, die Morde hätten ihr sexuelle Befriedigung verschafft. (Murakami 2003:84) Hierbei zeigt, dass auch bei Gottfried psychologische Probleme mit verantwortlich sind. Der sexuelle Lustgewinn, den sie beschreibt, ist seltener bei weiblichen Tätern zu sehen, was Gottfried eine gewisse Sonderstellungen einnehmen lässt. Bei Gottfried ist deutlich erkennbar, dass die Motivation nur schwierig festzulegen ist aus der heraus gemordet wird. Die Angst vor dem sozialen Abstieg, psychische Probleme und triebgesteuertes Verhalten führten in diesem Fall zu den Morden der Gesche Gottfried. So lässt sich vermuten, dass alle Aspekte die Morde zur Folge hatten und nicht das eine Motiv ausgemacht werden kann.

Die Methode, der Vergiftung, wird oft als „still" und „sanft" beschrieben. Jedoch bleibt festzuhalten, dass Gift keine leidlose und schnelle Variante ist jemanden zu töten. Das häufig am häufig benutzte Gift ist Arsen. Ein Vergiftung mit Arsen führt zu schweren Entzündungen des Magen-Darm Traktes mit Übelkeit, Erbrechen, schwerwiegenden Durchfällen und starken Schmerzen. Durch das sich verdickende Blut kommt es zu Nierenversagen. Auch das Gehirn und Nervensystem, sowie die Leber erleiden massiven Schaden durch eine Vergiftung mit Arsen. Ein weiteres Resultat ist die Sauerstoffunterversorgung, die im schlimmsten Falle zum absterben von Extremitäten führen kann. Weitere auftretende Beschwerden können Lähmungen, Rückbildung der Muskeln, Bewegungsstörungen und Sensibilitätsstörungen sein. Auch das Atemzentrum wird angegriffen. Der Tod tritt in einer Zeitspanne von einigen Stunden bis Tagen ein. (Nonnenmacher 2016) Diese Beschreibung zeigt, warum Schwarze Witwen als die kaltblütigsten aller Mörder sind. Die Morde erfolgen nicht im Affekt, sondern müssen geplant und durchdacht werden um das gewünschte Ziel zu erreichen. Selbst wenn der Mord fehlschlägt, haben die Opfer mit schwerwiegenden Folgen zu leben, da die Vergiftung schwere irreversible Schäden zurück lässt. Die Kaltblütigkeit und Berechnung erklärt warum in den USA zwei der drei exekutierten Frauen, seit 1976, der Kategorie der Schwarzen Witwe zugeschrieben werden – Velma Barfield und Judias Buenoano. (Newton 2000:414)

3.2 Todesengel

Als *Todesengel* bezeichnet man Menschen aus dem medizinischen Sektor, die ihre Patienten töten. Die Serientötung in Krankenhäusern und Pflegeheimen ist ein weltweites Phänomen. Bei den Tätern gibt es keine eindeutige Präferenz im Bezug auf Geschlecht oder Hautfarbe. (Newton 2000:305) Trotz allem sind einige Fälle bekannt, in denen weibliches Personal ihre Patienten ermordet. Innerhalb der eigenen Stichprobe sind 20% (n=30), also 6 von 30 Frauen, als Todesengel zu bezeichnen. Die bevorzugte Tötungsart ist hierbei das nutzen von Medikamenten. 83,33% (n=6) der Frauen nutzten Medikamentencocktails um ihre Patienten zu ermorden. Die Täterinnen entstammen überwiegend der pflegerischen Berufsgruppe. (Beine 2007) In der genutzten Stichprobe ist erkennbar, dass alle „Todesengel" dem Pflegeberuf angehörten und entweder als Krankenschwestern oder Altenpflegerin arbeiteten.

Professor Karl Beine untersuchte das Phänomen serielle Patiententötung und kam zu dem Schluss: „Charakteristisch für die Täterpersönlichkeiten ist eine überdurchschnittlich große Selbstunsicherheit. Es spricht vieles dafür, dass diese ausgeprägte Selbstunsicherheit bereits bei der Berufswahl – wenn auch unbewusst – eine Rolle gespielt hat. Viele Helfer erwarten Respekt und Anerkennung für ihren schweren Beruf. Wenn dann der mühsame und anstrengende berufliche Alltag Einzug gehalten hat, persönlicher Stress und Schwierigkeiten am Arbeitsplatz hinzukommen und sich die Erwartungen nicht erfüllen, dann entwickelt sich bei den späteren Tätern eigenes Leiden, über das sie aber nicht sprechen. In der andauernden beruflichen Konfrontation mit kranken und sterbenden Menschen kommt es zu einer diffusen Vermischung von eigenem, nicht ausgesprochenem Leiden mit dem unterstellten und tatsächlichen Leiden der Patienten." (Beine 2007)

Die Motivation aus der heraus gemordet wird kann sehr unterschiedlich sein. Eines der am häufigsten angegebenen Motive, im Bezug auf serielle Patiententötung, ist der Mord aus Mitleid. Der Patient soll von seinem Leiden erlöst werden. Karl Beine widerspricht dem Argument, da niemand aus Mitleid tötet. „Denn Mitleid bedeutet nichts anderes, als im Mit-Leiden das Leiden des anderen mitzutragen. Man nimmt mitfühlend Anteil, nimmt damit einen Teil des fremden Leidens auf sich. Was aber geschieht in einer Täterin, die tötet, weil sie die Qual eines Patienten nicht länger innerlich mittragen kann? Sie handelt gerade nicht aus Mitleid, sondern weil sie diesem nicht gewachsen ist." (Beine 2007) Dies unterstützt auch Stefan Harbors Befund, dass Frauen Mord als Konfliktbewältigungsstrategie nutzen.

Weiterhin stellt Beine Fest: „Mitleid setzt eine Beziehung voraus, eine Auseinandersetzung mit den Aussichten und Wünschen des Kranken." Die Täter sind dabei aber gar nicht fähig das Leid andere auszuhalten und zu ertragen. Sie erlösen sich durch das Töten selbst." (Beine 2007)

Marie Fikácková, die zehn Neugeborene erschlug, sagte aus, dass sie das Geschrei der Kinder nicht mehr ertragen habe. Begünstigt wurde dies durch privaten und beruflichen Stress und schlechte Arbeitsbedingungen. Die Ermordung der Kinder erfolgte innerhalb einer emotionalen Krise der Täterin, welche die zusätzliche Belastung, die durch die Neugeborenen ausging, minimieren wollte und sich somit „selbst erlöste" von ihrem vermeintlichen Leid. Es ist nicht ausgeschlossen, dass im Fall Fikácková, auch weitere Motive vorhanden waren.

Ein weiterer Typus der Todesengel sind Mörder mit einer Art „Helden-Komplex". Sie kreieren künstlich Notfälle, um dann im letzten Moment einzugreifen und den Patienten zu retten. Sie erhoffen sich darüber die Anerkennung von Kollegen und Angehörigen. (Newton 2000:305) Hierbei ist unklar ob die Absicht grundsätzlich die Tötung des Patienten ist, oder sie nur bei dem Versuch diese zu retten scheitern. Als Fallbeispiel hierfür dient die Krankenschwester Genene Jones. Sie ermordete Kleinkinder und Babys mit Medikamenten. Einige der Kinder erhielten mehrfach ein Medikament, welches Atemdepressionen auslöste. Immer wieder brachte sie sich in die Behandlung ein und versuchte die Kinder zu retten. Dieses Verhalten lässt den Rückschluss zu, dass Genene Jones versuchte sich so als die „Heldin" darzustellen und die Anerkennung ihrer Kollegen zu erlangen. Berichten zu Folge habe Jones immer wieder vor Kollegen geäußert, dass sie eine Leitungsposition verdient hätte. Daher ist sie eines der bekanntesten Beispiele für diese Typisierung von Todesengeln.

Auch Morde aus Habgier sind keine Seltenheit. Die Täter bereichern sich, durch Diebstähle oder das überschreiben von Versicherungen und des Erbes, an ihren anvertrauten Patienten und töten diese nachdem sie alles erhalten haben. In diesem Bezug gab es einige drastische Fälle, wie zum Beispiel Amy Archer Gilligan die eigens zu diesem Zweck ein Pflegeheim betrieb, in dem sie alte Menschen um ihr Erbe brachte und diese dann mit Arsen tötete. (Newton 2000:305)

Auch Marianne Nölle bereicherte sich an ihren Patienten. 1990 wurde diese als *Todesengel von Köln* bekannt, da sie 17 Patienten mit Medikamenten tötete. Auch im Umfeld wurde wahrgenommen, das Nölle plötzlich teure Kleider besaß und durchaus zeigte, dass sie über Geld verfügt. Sie bestreitet bis heute alle ihre Taten.

Es gibt auch Berichte von Täterinnen, die aus sexuellen und/oder sadistischen Gründen Patienten ermordeten. Im Fall Gwendolyn Graham und Catherine Wood empfanden die Täterinnen die Ermordung als eine Art Spiel. Der Todeskampf erregte die beiden so sehr, dass sie im Anschluss an ihre Taten sexuell miteinander verkehrten. (Newton 2000:305) Dieses Phänomen ist deutlich vermehrt bei männlichen Todesengeln zu beobachten. Bei Frauen findet man die anderen Typisierungen deutlich häufiger.

Innerhalb einer Untersuchung, ungelöster Mordfälle im Bezug auf Patiententötung, wurde herausgefunden, dass in sieben unterschiedlichen Krankenhäusern insgesamt 320 Menschen ermordet wurden, ohne das je ein Täter gefasst worden ist. (Newton 2000:305)
Auch Beine vermutete, dass die Dunkelziffer deutlich höher liegt. „ Auf ein aufgeklärtes Verbrechen kommen in der Regel zwei bis drei ungeklärte. Bei Krankentötungen sind es wahrscheinlich noch mehr." (Beine 2007)
Bezieht man diesen Umstand auf Harbors Aussage, dass Frauen deutlich planvoller und heimtückisch morden, lässt sich erkennen warum Serienmörderinnen in Krankenhäusern töten. Beine bezeichnet das Krankenhaus als idealen Tatort für kaschierte Tötung. (Beine 2007)
Pfleger und Ärzte arbeiten eigenverantwortlich mit Medikamenten und haben jederzeit freien Zugriff auf diese. Zusätzlich ist es nicht ungewöhnlich das Menschen in Einrichtungen, wie Pflegeheimen und Krankenhäusern, sterben. Selbst wenn es Neugeborene und Säuglinge trifft gibt es rationalere Erklärungen, wie das *Sudden Infant Death Syndrom* – den plötzlichen Kindstod, als von einer seriellen Tötung auszugehen.

Das Gesundheitssystem versucht sich nach innen zu schützen, wodurch ersten Verdachtsmomenten nur unzureichend nachgegangen wird oder der Umstand komplett verdrängt wird. Auch eine starke Abwehrhaltung gegenüber der Thematik der Patiententötungen ist immer wieder zu beobachten. (Beine 2007) Für die Krankenhäuser kann die Veröffentlichung von Fällen der seriellen Patiententötung nachhaltige Schäden mit sich bringen, was nur eine Begründung für die Abwehrhaltung dar stellt. Beine stellt in seiner Untersuchung fest: „Die Reduzierung der öffentlichen Diskussion über den Gesundheits- und Sozialbereich auf die Rationalisierungsreserven und die Kosten hat zwangsläufig die Entwertung von Patienten und Bewohnern, aber auch von Mitarbeitern in den Einrichtungen zur Folge. Diese Entwertung wird unterstützt durch eine bestimmte Art der Berichterstattung."[...] Auslöser und Schuldige sind so schnell gefunden: Ein inhumaner Medizinbetrieb und abgestumpfte, kaltschnäuzige oder verrohte Vorgesetzte, die die Not des neuen Kollegen ignorieren: So wird der Täter zum Opfer. Eine Gesellschaft, die Sterben und Tod längst aus ihrer Mitte in Spezialeinrichtungen abgeschoben hat, verdrängt die realistische Auseinandersetzung mit dem eigenen Sterben und dem eigenen Tod ." (Beine 2007)
Hierin sieht Beine eine Begründung, die serielle Patiententötung begünstigt und eine Grundlage dafür warum Krankenhäuser nicht nach intensiven Ermittlungen gegen Verdachtsmomente streben. Im öffentlichen Diskurs werden die Taten auf eine höhere Ebene gestellt um das System zu analysieren und zu diskutieren, anstatt sich mit der Tat und dem Täter selbst auseinander zu setzten.

Diese Art der Diskussion verhindert auch eine Auseinandersetzung mit präventiven Maßnahmen die solche Taten verhindern könnten. Im Umkehrschluss begünstigt der öffentliche Umgang mit den Gesundheitssystem auch serielle Patiententötung.

Betrachtet man als letzten Aspekt die „Mordwaffe" lassen sich deutliche Parallelen zur Schwarzen Witwe ziehen. Die meisten Frauen ermorden, im Falle der seriellen Patiententötung, ihre Opfer mit Medikamentencocktails, die eine ähnliche Wirkung wie Gift auslösen. Auch die Wahl dieses Tötungswerkzeuges unterstreicht die Aussage Harbors das Frauen planvoller und heimtückischer töten. Auch in diesem Fall sieht das Opfer den Tod nicht direkt kommen. Die Besorgung der Tatwaffe muss geplant , die Dosierung bestimmt und der Tathergang genau durchdacht werden, um das gewünschte Ergebnis zu erzielen.

Das Krankenhaus/ Pflegeheim an sich dient schon in seiner Struktur dazu die Taten zu verschleiern, da das Sterben, in diesen Einrichtungen, zum Alltag gehört. Zusätzlich werden weitere Maßnahmen getroffen um unentdeckt zu bleiben. Meist werden die Täter nur entlarvt, wenn sie „ zu hochmütig oder nachlässig werden und verräterische Spuren hinterlassen oder binnen einer kurzen Zeitspanne gar zu gierig morden." (Newton 2000:305)

Die Motive variieren hier von Täterin zu Täterin, jedoch lässt sich ein gewisses Muster erkennen, bestehend aus der Kombination von verzehrten ideologischen Ansätzen, privaten und beruflichen Problemen und daraus folgenden psychischen Einschränkungen, sowie Schwierigkeiten Konflikte zu erkennen und adäquat zu lösen. Die serielle Patiententötung wird sowohl von Frauen als auch Männern begangen, doch begünstigt das Umfeld und die Struktur von Krankenhäusern und Pflegeeinrichtungen, dass es viele weibliche Todesengel zu verzeichnen gibt.

3.3 Engelmacherin/Babyfarming

Als Engelmacherin werden Frauen bezeichnet, die kleine und uneheliche Pflegekinder mit Absicht sterben lassen oder töten um sich am Pflegegeld oder andere Zahlungen zu bereichern.
In der viktorianischen Ära (1837-1901) bildete sich der Beruf der *Kinderwirtschaft* , im englischen als baby-farming bezeichnet. Während dieser Zeit wurde Sex als Sünde angesehen und die Folgen, wenn aus einer solchen Verbindung ein Kind entstand, waren gravierend für die Frauen. Die sogenannte Kinderwirten half, ursprünglich, der ledigen Mutter durch die Schwangerschaft und vermittelte die Neugeborenen über Schwarzmarkt Adoptionen weiter. Dafür erhielt die Kinderwirtin eine gute Bezahlung.

Um den weitreichenden Folgen einer unehelichen Schwangerschaft zu entgehen, die mit sozialer Ausgrenzung, Berufsverlust, Rufschädigung und dem Ausstoß aus der Familie einhergingen, nutzen viele Frauen das Angebot. Nach der Geburt ließen sie das Kind in der Obhut der Kinderwirtin, in dem festen Glauben es würde sich gut gekümmert um den Säugling, schließlich bezahlte man dafür sehr gut. (Newton 2000:21)

Betrachtet man die englische Bezeichnung *baby farmer* suggerierte dieser begriff worum es dabei wirklich ging. Der Fokus liegt hierbei auf dem Gelderwerb. Die Lebensbedingungen, für die Kinder, waren schlecht und die Kinderfrauen nutzten das Geld mehr für sich selbst, als für die ihnen anvertrauten Pflegekinder. Schon Charles Dickens thematisierte in seinem Gesellschaftsroman Oliver Twist die schwierige Situation von Pflegekindern, in Armenhäusern. Der Staat sah sich zum Eingreifen veranlasst, nachdem einige Mordfälle in der Öffentlichkeit bekannt wurden. Einige der Frauen entschieden sich ihrer Verpflichtungen zu entledigen, in dem sie die Kinder töteten.

Eines der bekanntesten Beispiele hierfür ist die englische Serienmörderin Amelia Elizabeth Dyer, die zwischen 1880 und 1897 mehr als fünfzig Kinder ermordet haben soll. Angeklagt wurde sie wegen 15fachen Mordes, an Neugeborenen und Säuglingen, die in ihre Obhut gegeben wurden. Die genaue Anzahl wusste Dyer selbst nicht mehr. Vor Gericht sagte sie: „Die von mir Ermordeten könnt ihr an den Stricken um den Hälsen erkennen." (Murakami 2003:74) Dyer tötete die Kinder um sich finanziell zu Bereichern, aber möglichst wenig Arbeit zu haben. 1879 verbüßte sie eine Gefängnisstrafe von sechs Monaten wegen Kindesvernachlässigung. Sie meldete als Konsequenz keine weiteren Todesfälle, um ihre Taten zu verschleiern. Trotzdem konnte die danach knapp 8 Jahre weiter morden ohne entdeckt zu werden. In diesem Fall begünstigte das Pflegesystem ihre Machenschaften. Die Stellung der unehelichen Kinder war schlecht und der Beruf der Kinderwirtin galt als „wertvolle öffentliche Dienstleistung". (Newton 2000:21) Niemand kümmerte sich um die zurückgelassenen Kinder, wodurch Menschen wie Dyer diesen Berufszweig benutzen konnten um sich, möglichst schnell, finanziell zu bereichern.

Die einzige Frau die jemals in Neuseeland hingerichtet wurde ist Williamina Dean, die auch als Kinderwirtin arbeitete und die ihr anvertrauten Kinder ermordete. Die schlechten Bedingungen im Pflegesystem von Kindern begründen auch , warum erst nach dem bekanntwerden solcher Fälle, ein staatliches Eingreifen stattfand.

Auch die deutsche Serienmörderin Elisabeth Wiese arbeitete als Pflegemutter und ermordete insgesamt fünf Kinder, wobei eines ihr Enkelkind war. Schon vor ihrer Mordserie versuchte Wiese ihren Ehemann zu vergiften und wurde wegen diverser kleinerer Delikte zu einer Gefängnisstrafe verurteilt.

Nach ihrer Scheidung und der Entlassung aus der Haft, wollte sie als Pflegemutter gutes Geld verdienen. Ihre eigene Tochter zwang sie zur Prostitution um ihr Gehalt weiter zu verbessern. Bei Wiese konnte der Wunsch nach Reichtum als oberstes Tatmotiv ausgemacht werden. Bis heute ist unklar ob eine psychische Erkrankung vorlag. Wiese war selbst ausgestoßene des Systems, da ihre Tochter ein uneheliches Kind war. Demnach wurde immer wieder vermutet das dies auch eine Rolle bei ihren Taten spielte.

Dagmar Overbye , eine dänische Serienmörderin, die in sieben Jahren mindestens 25 ihrer Pflegekinder ermordete, fand ihre Opfer durch ein eigens gegründetes Heim, welches ebenso für Frauen in Not war. Ihre Verteidigung plädierte auf Unzurechnungsfähigkeit , da Overbye als Kind missbraucht wurde und dieses seelische Trauma für ihre Taten verantwortlich sei. Nachgewiesen wurde, dass sie gutes Geld, mit der Pflegschaft der Kinder, verdiente. Die Jury zeigte sich unbeeindruckt und sah das Motiv in der reinen Habgier, was eine Verurteilung zum Tode zur Folge hatte. Diese Strafe wurde später in lebenslange Haft umgewandelt ohne Möglichkeit auf Entlassung. Der Missbrauch in der Kindheit, sofern er stattfand, und das damit verbundene Trauma, kann durchaus einen Einfluss auf den späteren Erwachsenen nehmen. Folgen können eine gestörte Stressempfindlichkeit und fehlerhafte Bewältigungsstrategien sein. Auch das eigene Selbstkonzept, Einstellungen oder kognitive Zustände können durch einen Kindesmissbrauch verändert werden, was maßgeblichen Einfluss auf Reaktionen gegenüber späteren Ereignissen haben kann. Dies kann direkte Einwirkungen auf das spätere Verhalten eines Menschen haben. (Egle u.a. 1997:683)
Im Fall Overbye kann ein solches Trauma zu einer fortlaufenden psychischen Störung geführt haben, die den Tatentschluss begünstigten. Besonders wenn sie nicht in der Lage war mit Stresssituationen umzugehen und ihr die nötigen Handlungskonzepte fehlten um Probleme zu bewältigen. Der Stressauslöser könnte hier an zwei Punkten angesetzt werden. Einerseits können finanzielle Probleme zum Entschluss geführt haben Kinder in pflege zu nehmen und um schnell viel Geld zu verdienen wurde der Tatentschluss gefasst. Eine andere Möglichkeit ist, dass die Betreuung der Kinder als Stressauslöser fungiert und sie die Tötung als Bewältigungsstrategie wählte. Im Falle Overbye ist eine psychische Komponente nicht ausgeschlossen, die in Kombination mit den finanziellen Vorteilen letztlich zur Tat führten.

Auch in späteren Jahren kam es zu solchen Verbrechen. Die japanische Serienmörderin Miyuki Ishikawa, soll zwischen 1944 und 1948, 85-169 Säuglinge in ihrem Heim getötet haben. Sie nahm die Neugeborenen mit der direkten Tötungsabsicht auf. Der Tod trat durch Vernachlässigung ein.

Die Behörden registrierten die gehäuften Todesfälle, ignorierten diesem Umstand aber gänzlich. Immer wieder verließen Hebammen die Einrichtung, aber keine unternahm den entscheidenden Schritt. Abtreibung war zu dieser Zeit illegal und viele Paare waren nicht in der Lage für ihre Kinder aufzukommen. Dieser Umstand begünstigte Ishikawas Bestrebungen sich der unliebsamen Kinder zu entledigen. Vor Gericht argumentierte sie, die Eltern selbst wären Verantwortlich für den Tod der Säuglinge. Da Kleinkinder zu diesem Zeitpunkt kaum über Rechte in der japanischen Justiz verfügten wurde dieser Einwand berücksichtigt. Die Strafe belief sich auf acht Jahre Haft, die später dann halbiert wurde. Sie erhielt große Summen Geld von den eh schon verarmten Familien, die für die Pflege ihres Kindes ihre letzten Ersparnisse aufbrauchten. Die Tat an sich und auch die geringe Haftstrafe wurde durch verschiedene Autoren immer wieder als diskriminierender Akt bezeichnet. Letztlich hatte Ishikawas Tat einen großen Anteil daran Abtreibungen in Japan zu legalisieren und das allgemeine Pflegesystem zu erneuern, ähnlich wie schon in England Amelia Dyers Taten dazu führten.

Diese Beispielfälle stehen exemplarisch für diverse serielle Tötungen, die im Bereich der Kinderpflege, von verschiedenen Frauen durchgeführt wurden. Männer treten in diesem Bereich meist nur als Komplizen auf. Kommt es in diesem Bereich zur seriellen Tötung, sind die Täter meist weiblich. Durch die schwierigen staatlichen Regelungen im Bezug auf Adoption, Betreuung unehelicher Kinder, Abtreibung und mangelnde Rechte Schutzbefohlener wurden Vorfälle dieser Art begünstigt. Durch die gesellschaftlichen Bedingungen ergab sich die finanziell lohnenswerte Kinderwirtschaft. Wenig Kontrolle von staatlicher Seite und durch die Familien der „abgeschobenen" Kinder ermöglichten die serielle Tötung von Säuglingen und Kindern, durch ihre Pflegerinnen. Die Motivation liegt vornehmlich in der finanziellen Bereicherung, wenn auch psychologische Aspekte mit hinein spielen. Innerhalb der Stichprobe zählen 16,67% der Täterinnen zu den Engelmachern. (n=30) Betrachtet man die Mordwaffe, strangulieren 25% (n=8) ihre Opfer und 25% (n=8) ersticken ihre Opfer. Sonst variieren die Tötungsarten deutlich. Erkennbar ist aber, dass in 62,5% (n=8) ,der untersuchten Fälle, die Manipulation der Atemwege (Strangulation, Ersticken, Ertränken) als Todesursache angegeben wird. In 80% (n=5) der Fälle kam es für die Täterinnen zu einer finanziellen Bereicherung. Bei 80% der untersuchten Fälle wurde zusätzlich eine Geisteskrankheit vermutet oder diagnostiziert. Das Phänomen Engelmacherin wurde durch die schwierigen sozialen Verhältnisse begünstigt, jedoch kam es auch in der nahen Vergangenheit zu seriellen Tötungen an anvertrauten Kindern. (siehe Christine Falling) Heutzutage ist der Bereich der Kinderwirtschaft stärker geprüft und finanziell nicht mehr so ergiebig, wodurch vermehrt psychologische Komponenten als Erklärung dienen.

3.4 Sonderformen

Die letzten Kapitel berücksichtigen nicht die übrigen 23,33% der Stichprobe. Einige Serienmörderinnen lassen sich nicht so einfach kategorisieren. Sowohl die Tötungsmotivation, als auch die Mordwaffe variieren, im Bezug auf die vorhergegangenen Kategorien.

Zwei Beispiele sind die Giftmörderinnen Locusta und Popova. Das Mordinstrument bleibt die favorisierte weibliche Waffe – Gift. Die Motivation unterscheidet sich aber. Locusta, die erste dokumentierte Serienmörderin, vergiftete Menschen als Auftrag und verdiente somit ihr Geld. Ob weitere Motive vorlagen ist nicht mehr bekannt, jedoch wurde sie für ihre verbrechen hart bestraft. Die verhängte Todesstrafe wurde bestialisch durchgeführt. Überlieferungen zu Folge wurde eigens für ihre Hinrichtung eine Giraffe abgerichtet, von der Locusta öffentlich vergewaltigt wurde. Danach soll sie von wilden Tieren zerrissen worden sein. (Newton 2000:271)

Popova war als Giftmischerin bekannt und soll an der Ermordung von bis zu 300 Ehemännern beteiligt gewesen sein. (Murakami 2003:550) Sie heiratete auf Bestellung Männer die sie dann tötete oder verkaufte das Gift an Frauen, die ihre unliebsamen Ehemänner loswerden wollten. Somit entsteht eine Kombination aus Serien-Auftragsmördern und Serien-Gesinnungsmörderin. Der Profit war nebensächlich, da Popova von ihren Kunden nur einen geringen Geldbetrag einforderte. Sie mordete aus reinem Männerhass. Das vergiften von Männern bereitete ihr „krankhaftes Vergnügen". (Murakami 2003:305) Bei Popova zeigt sich die Misandrie (Männerhass) der sadistische Züge an nimmt, da ihr das töten der Männer Freude bereitet. Auch die Kriterien für eine antisoziale Persönlichkeitsstörung sind hierbei gegeben. Harbort ermittelte in seinen Untersuchungen, dass Männer zu Gewalt – und Tötungsphantasien neigen, welche sie auch in die Tat umsetzten. Bei Frauen war dieses Phänomen kaum zu beobachten. (Harbort 2017: 212) Der Modus Operandi, welcher zur Tat führte macht Popova zu einem Sonderfall, im Phänomen der weiblichen Serientötung.

Zwei weitere Beispiele, mit ähnlichem Vorgehen, sind Ezsebet Bathory, die Blutgräfin, die im 16 Jahrhundert mindestens 80 junge Mädchen und Frauen ermordete und Darja Nikolajewna Saltykowa, eine russische Adlige, der mindestens 139 Tötungen zur Last gelegt wurden. Beide zeichneten sich durch eine besonders brutale Tötungsweise aus. Sie folterten ihre Opfer auf unterschiedlichste Weise, bis diese verstarben. Beide wurden in ihren Taten, von der Dienerschaft gedeckt und sogar unterstützt. Eine Erklärung für ihre Taten gaben sie nie Preis. Beide zeichnen sich durch sadistisches Verhalten aus. Auch die Möglichkeit einer sexuellen Präferenz kann nicht ausgeschlossen werden. Aufgrund der besonderen Grausamkeit mit der sie ihre Opfer ermordeten bilden auch sie eine Besonderheit, da so brutales Vorgehen für Frauen untypisch ist.

Laut Stephan Habort bevorzugt die weibliche Serienmörderin „weiche bzw. pragmatische Tötungsarten." (Harbort 2017:212) Diese beiden speziellen Fälle weichen stark von diesem Befund ab.

Als letztes exemplarisches Beispiel, dient der Fall Aileen Carol Wuornos. Sie wurde 1992 zum Tode verurteilt, da sie insgesamt sieben Männer erschossen haben soll. Sechs Morde räumte sie im Verlauf der Verhandlungen ein. Sie gab an aus Notwehr getötet zu haben, da sie geschlagen und vergewaltigt wurde. Schon in ihrer Kindheit gab es einige Probleme. Ihr Eltern waren noch nicht Volljährig als sie Wuornos und ihren Bruder bekamen. Der Vater wurde in eine psychiatrische Klinik eingewiesen, aufgrund seiner Pädophilen Neigungen. Ihre Mutter gab ihre Kinder bei den Großeltern ab, das die diese nicht selbst aufziehen konnte. Mit sechs erlitt Wuornos schwere Verbrennungen im Gesicht, durch ein selbst gelegtes Feuer. Ihre ersten sexuellen Erlebnisse hatte sie in jungen Jahren, sodass sie mit 14 schwanger wurde und einen Sohn gebar. Später behauptete sie auch mit ihrem Bruder verkehrt zu haben, dies konnte aber nie voll umfassend bestätigt werden, da ihr Bruder jung an Krebs verstarb. Sie brach die Schule ab, riss von zu Hause raus und arbeite als Prostituierte, während sie durchs Land zog und diverse kleinerer Delikte beging. Wuornos kam andauernd mit dem gesetzt in Konflikt und wurde mehrfach unter verschiedenen Namen verhaftet und verurteilt. In einer späteren Vorladung stand: „Keine Einsicht. Denkt, sie steht über dem Gesetz." Schon ihrer Kindheit war von Konflikten durchzogen. Die eigene Mutter gab sie ab, da sie nicht fähig war die Verantwortung für ihre Kinder zu übernehmen. Dieses Verhaltensmuster zeigt sich auch in Wuornos Leben immer wieder. Sie verfügt nicht über entsprechende Handlungskompetenzen um Konflikte zu lösen.

Stephan Harbort kam zu dem Schluss, dass 70% der Serienmörderinnen mit einer wiederkehrenden Konfliktsituation konfrontiert sind, die zum Tötungsentschluss führt. (Harbort 2017:211) Da die frühkindliche Entwicklung maßgeblich dazu beiträgt wie der einzelne Mensch mit Problemen umgeht, ist im Fall Wuornos zu erkennen, dass sie das Verhalten der eigenen Mutter übernimmt, indem sie zum Beispiel unterschiedliche Decknamen benutzt und vor etwaigen juristischen Konsequenzen flieht. Auch die Morde selbst begründet sie wie folgt: „ Ich hab sie erschossen…für mich war das so wie Notwehr." Weiterhin gab sie an die Morde seien eine Art Rache und das sie ihre Opfer umbringen musste, da „sonst ihr Arsch in Schwierigkeiten wäre." Später erweiterte sie die Aussage „ihrer Opfer hätte sie geschlagen und vergewaltigt und sie habe sich nur verteidigt." (Newton 2000: 513)

„Serienmörderinnen agieren und töten, [...], aus der Not heraus, allerdings nicht aus Notwehr." stellt Harbort fest. (Harbort 2008:197) Zusätzlich arbeitete er einige Charakterzüge heraus, die auffällig oft festgestellt wurden. Auf Wuornos treffen dabei „emotionale Instabilität und ein nur marginal ausgeprägtes Selbstwertgefühl" zu. Des weiteren kann sie als konfliktscheu, selbstunsicher,, verantwortungslos, geltungsbedürftig bzw. egoistisch-egozentrisch beschrieben werden, anhand ihres Verhaltens vor und nach der Verhaftung. (Harbort 2017:209/210) Im Zuge der Ermittlung äußerte sie sich über ihre Opfer: „ Ich fühle mich wie eine Heldin, weil ich doch was Gutes getan habe, indem ich die Welt von diesen Dreckschweinen befreit habe."(Murakami:2003:476) Die Geltungssucht zeigte sich daran, dass sie zwei Wochen nach ihrer Verhaftung die Filmrechte an ihrem Fall verkaufte. Eine Führsprecherin von Wuornos sorgte dafür das der ihr Fall stark in die Öffentlichkeit gezogen wurde und so gab sie diverse Interviews für Talkshows.

Denis Köhler definierte einige Eigenschaftsbegriffe, die mit hoher Wahrscheinlichkeit auf Serienmörder zutreffen. So beschreibt Köhler diese als „sehr impulsiv". Weiterhin lässt sie „wenig Selbstdizilpin, eine hohe Reizbarkeit und ein geringes Pflichtbewusstsein erkennen". (Köhler 2002:95) Auch Wuornos erfüllt die meisten Kriterien, nach DSM-IV, die für eine Antisoziale Persönlichkeitsstörung sprechen. (Köhler 2002:93)

der Staatsanwalt äußerte sich zur Motivation in seinem Schlussplädoyer : „Wir wollen nicht darüber urteilen, ob Aileen Wuornos nicht ganz normal ist, ein schiefes Bild von der Welt hat, ob sie beeinflußbar ist oder nur pervers. Sie wußte was sie tat, und sie wußte, das es unrecht war. Dies ist ein Fall der keine Vergebung verdient." (Murakami 2003:476)

Nachdem das Urteil gesprochen wurde reagierte Wuornos äußerst ungehalten und sagte: Ich bin unschuldig! Ich wurde vergewaltigt! Ich hoffe, ihr werdet vergewaltigt! Ihr Drecksäcke von Amerika!" (Newton 2000:514) Die Aussage des Staatsanwaltes lässt erkennen wie vielschichtig die Motivation bei Aileen Wuornos war. Nicht erlernte Konfliktlösungsstrategien in der Kindheit und schwierige Familienverhältnisse, abdriften in kriminelle, untere soziale Schichten aufgrund des Schulabbruchs, fehlende Bezugspersonen, sich daraus entwickelnde Impuls- und mutmaßliche Persönlichkeitsstörungen, sowie Kindheitstraumata geben einen Erklärungsansatz, warum Aileen Wuornos begann zu töten. Die Tatwiederholungen ergeben sich aus der eintretenden Tötungsgewöhnung, durch favorisiertes Mittel der Problembewältigung. (Harbort 2017:211)

Auch im Aileen Wuornos Fall zeigt sich die Annahme Harborts bestätigt, dass im Falle von weiblichen Serienmörderinnen, nicht die Opfer sondern die Täterin selbst das Problem dar stellt. (Ebner 2008)

Diese Fälle zeigen exemplarisch, dass es unter dem abnormen Phänomen weiblicher Serientötung auch Sonderformen gibt, die von den anderen befunden abweichen. Insbesondere hierbei in der Wahl des Mordinstruments, als auch der Motivation. Aufgrund des noch unzureichend erforschten Phänomens, lassen sich aktuell nur gewisse Tendenzen absehen. Hierbei zeigt sich die Vorliebe für Giftmorde und nur selten sadistische oder sexuelle Komponenten die das Motiv mitbestimmen. Innerhalb der Stichprobe konnten 23,33% (n=30) der Täterinnen eine sexuelle oder sadistische Motivation zugeschrieben werden.

Gerade weil diese Fälle eine gewisse Besonderheit, von einem besonderen Phänomen, widerspiegeln, erlangen sie mehr mediale Aufmerksamkeit. Gerade die Grausamkeit im Vorgehen und die Abnormalität der Motivation weckt ein größeres Interesse an Fällen wie diesen. Eine mordende Frau löst immer noch starkes Entsetzten aus, sodass ein besonders brutaler Tatvorgang oder Motivation zu einer negativen Sensation wird.

4. Mörder Paare

Ein drastische Veränderung im Tötungsverhalten und der Motivation ergibt sich, wenn Serienmorde von einem weiblichen und männlichen Täter, zusammen, durchgeführt werden.

Hierfür wurden zehn unterschiedliche Fälle betrachtet, die nicht als eigene Stichprobe gelten, sondern nur das Phänomen beschreiben und eine gewisse Tendenz aufzeigen sollen.

Die verwendeten Fälle sind: 1. Ian Brady und Myra Hindley; 2. Martin und Marie Dumollard; 3. Frederick Walter West und Rosemary Pauline; 4. Paul Bernardo und Carla Homolka; 5. Douglas Daniel Clark und Carol Bundy; 6. Alton Coleman und Debra Denise Brown; 7. Faye und Ray Copeland; 8. Raymond Fernandez und Matha Beck; 9. Charles Starkweather und Caril Ann Fugate sowie 10. Alexander Spesiwtsew und Ludmila Spesiwtsewa.

Von den zehn aufgelisteten Paaren sind 90% (n=10) in einer partnerschaftlichen oder ehelichen Beziehung, lediglich 10 % (n=10) befinden sich in einer Eltern – Kind Beziehung. Bedeutet in 9 von 10 Fällen waren die Duos Liebespaare.

Davon ausgehend das Frauen als Einzeltäter mit Gift oder der Manipulation der Atemwege morden, verändert sich die Mordwaffe, sobald ein männlicher Mittäter involviert ist. In 40% der Fälle wurden die Opfer erschossen, in 30% der Fälle erstochen (n=10). Strangulation und erwürgen finden sich in 20% der Fälle und in 10% der Taten kam es zu Foltermorden oder das opfer wurde erschlagen.

Auch der Befund, dass Einzeltäterinnen seltener sadistische oder sexuelle Motive aufweisen verändert sich in einer Mann-Frau Beziehung. So konnten in 70% der Fälle ein sexueller Missbrauch der Opfer, durch beide oder einen Täter, nachgewiesen werden. Zusätzlich wiesen 40% der Straftatbestände sadistische Züge auf, in denen die Opfer gefoltert wurden. Die Hälfte, also 50% der Paare stammen aus den Vereinigten Staaten von Amerika, 20% aus Großbritannien – die andern drei Paare verteilen sich auf verschiedene Länder.

Diese Zahlen zeigen eine Tendenz dahin, dass sich das weibliche Tötungsverhalten in Kombination mit einem männlichen Partner deutlich brutaler gestaltet. Besonders die sexuelle und/oder sadistische Motivation ist für weibliche Einzeltäter nicht üblich, auch wenn dies vorkommen kann. In Kombination zeigt sich eine aufsteigende Tendenz. Es ist bekannt, dass sich bei Serienmördern neben Persönlichkeitsstörungen häufig Paraphilien und abweichende oder dissoziative Phantasien manifestieren, welche sich um Macht, Dominanz, Kontrolle, Gewalt und abweichendes Sexualverhalten drehen. (Köhler 2002:95) In den meisten Fällen übernimmt der Mann die dominante Rolle in der Beziehung, was zur Folge hat, dass seine Phantasien und Wünsche die Tat bestimmen. Im Falle Ian Brady und Myra Hindley ist die Vorliebe für sado-masochistische Pornographie und Snuff Filme gleichermaßen ausgeprägt. Auch Pauline Rosemary verging sich zusammen mit ihrem Mann Frederick West an den Opfern. Hieraus lässt sich schließen, dass diese Paare aufgrund ihrer abnormalen sexuellen Phantasien eine Bindung eingingen.

In den Fällen Paul Bernardo/ Carla Homolka und Douglas Clark/ Carol Bundy unterstützen die Frauen ihren Partner in seinen sexuellen Vorlieben und Wünschen. In anderen Fällen tolerierte die Frau die sexuellen Übergriffe auf die Opfer. Das führt zu Annahme, dass die Frau sich der Dominanz des Partners unterwirft und aus Liebe und Folgsamkeit zur Mittäterin wird. Davon ausgehend, dass Frauen als Konfliktbewältigungsstrategie zu töten, liegt die Vermutung nah, dass die Frauen unter einem geringen Selbstbewusstsein und krankhaften Verlassensängsten leiden, die ihre Mittäterschaft begünstigen.

Das Frauen mehr Mittäter als Haupttäter sind zeigt sich auch in den verhängten Urteilen. Während 70% der Männer zum Tode verurteilt wurden, betraf dies nur 30% der Frauen. In die andere Richtung wurden 70% der Frauen lebenslang inhaftiert, während nur 30% der Männer eine Haftstrafe erhielten. Diese Ergebnisse ersetzten zu keinem Zeitpunkt eine stichhaltige Studie, dennoch ist eine gewisse Tendenz erkennbar, die vermuten lässt, dass sich weibliches Tötungsverhalten verändert, sobald ein männlicher Komplize vorhanden ist, was durchaus an der Unterwerfung der Frau gegenüber dem dominanten Partner liegen kann, ausgelöst durch psychische Probleme und eine labile Persönlichkeit. Hierzu gibt es noch keine signifikanten Studienergebnisse.

5. Vergleich zwischen weiblichen und männlichen Mördern

Vergleicht man die Stichproben miteinander lassen sich einige Unterschiede zwischen männlichen und weiblichen Serienmördern aufzeigen. Der Vergleich bezieht sich auf Herkunftsland, Tötungsart, Verurteilung, Eintrittsalter und die Motivation aus der heraus gemordet wird. 50% der männlichen Täter stammen aus den USA, während es nur 33,33% bei den weiblichen Mördern der Fall ist. Vergleichsweise ähnliche Werte ergeben sich bei den deutschen Mördern. 16,67% der Frauen und 10% der Männer begingen ihre/seine Taten in Deutschland. Danach verteilen sich die Täter auf unterschiedliche Länder, wobei 13,33% der männlichen Täter aus Großbritannien und 10% aus Russland stammt. Am wenigsten Fälle sind in skandinavischen Ländern wie Norwegen (1 Fall), Schweden (3 Fälle), Finnland, Dänemark (2 Fälle) medial bekannt. Eine grobe, eigene Zählung der bekannten Serienmörder, exklusive der Paare und Gruppen, ergibt eine ungefähre Zahl von 300 Fällen. In Deutschland sind es es 62 und Großbritannien 46 medial bekannte Fälle. Dazu kommt noch eine hohe Dunkelziffer von unentdeckten Tötungen oder solche die nicht mit einer seriellen Tötung in Verbindung gebracht werden.

Ein deutlicher Unterschied lässt sich in der präferierten Tatwaffe erkennen. Während die beliebteste Methode der Frau, mit 63,33%, das Vergiften ihrer Opfer ist, neigen Männer in 30% der untersuchten Fälle zur Strangulation, in 26,67% der Fälle erschießen oder erschlagen sie ihre Opfer und in 23,33% erfolgt die Tötung durch das Erstechen. In 66,67% der männlichen Fälle lässt sich eine „Verlegung der Atemwege" ausmachen (Erdrosseln,erwürgen,ersticken, ertränken = Strangulation), während nur 26,67% der Frauen zu dieser Methode greifen.
Innerhalb des weiblichen Tötungsverhaltens lässt sich außerdem erkennen, dass es eine Präferenz der Mordwaffe bei bestimmten Opfertypen gibt. So werden Verwandte, Familie, Freunde und Bekannte in den meisten Fällen mit Gift getötet, während innerhalb der Patiententötung auf Medikamente zurück gegriffen wird. Diese beiden Tötungsarten wurden in der Berechnung unter dem Oberpunk Vergiftung zusammengefasst – in der aufgelisteten Stichprobe bleibt aber ersichtlich womit das Opfer vergiftet wurde. Im Falle von Kindstötungen kommt es am häufigsten zur Manipulation der Atemwege. Frauen planen ihre Taten genauer und verwenden daher oft schwer nachweisbare oder erkennbare Mordinstrumente. Wird zum Beispiel ein Neugeborenes mit einem Kissen erstickt, wird im Nachgang von plötzlichen Kindstod ausgegangen, wodurch die Mörderin unentdeckt bleibt.

Die Alterspanne in der Frauen ihren ersten Mord begehen ist deutlich Größer als die der männlichen Täter. Die weibliche Spanne liegt zwischen 14 – 50 Jahren, während die der Männer zwischen 14 – 40 Jahren liegt.Eine Häufung ergibt sich aber in der Zeitspanne 21 – 30 Jahre. 36,67% der Frauen und 46,67% der Männer beginnen in diesem Zeitraum ihre Mordserien. In späteren Altersgruppen, wie 41 – 50 Jahre beginnen immer noch 23,33% der Frauen aber nur 10% der Männer ihre Morde. Die Zeitspanne 31 – 40 Jahre ist fast identisch mit 23,33% der Frauen und 20% der Männer, die zu diesem Zeitpunkt ihre erste Tötung begehen.

Eine Erklärung liegt in einer deutlich stärkeren sexuellen Präferenz bei männlichen Tätern, die in jüngeren Jahren beginnen ihre Phantasien auszuleben, während bei Frauen andere Motivationen zur Tötung führen und sich dadurch die Zeitspanne deutlich vergrößert.

Während bei 53,33% der Männer eine sexuelle Motivation vorliegt oder zu mindestens sexuelle Handlungen am Opfer vorgenommen werden, sind es nur 10% der Frauen die aus Lustgewinn töten. Bei 23,33% der Männer konnte eine sadistische Motivation nachgewiesen werden. Dahingehend haben zur 6,67% der Frauen sadistische Neigungen, die sie zum töten motivieren.

Dafür mordeten 40% der Frauen aus Habgier bzw. bereicherten sich an ihren Opfern, während nur 16,67% der Männer ein finanzielles Interesse verfolgten. Dies unterstützt die Annahme das Frauen mehr als Konfliktbewältigungsstrategie oder aus Habgier morden, während bei männlichen Serientätern sexuelle Neigungen im Vordergrund stehen. Oft ist die Motivation nicht nur mit einem Aspekt erklärt, da viele Komponenten mit hinein spielen, jedoch haben Frauen beim morden ein gesteigertes Interesse an finanziellen und materiellen Werten im Vergleich zur männlichen Gruppe.

Kaum ein Unterschied lässt sich in der Verurteilung festmachen. 66,67% der Frauen und 60% der Männer erhielten lange Haftstrafen. 40% der männlichen und 33,33% der weiblichen Täter wurden zum Tode verurteilt. Dadurch das in vielen Ländern die Todesstrafe abgeschafft wurde, ergeben sich oft mehrfache lebenslange Haftstrafen ohne Aussicht auf Entlassung, bei Männern, als auch Frauen.

Im Vergleich beider Stichproben lassen sich gewisse Unterschiede im weiblichen und männlichen Tötungsverhalten erkennen. Um genauere Ergebnisse zu erzielen müssten weitaus größere Stichproben angefertigt werden, wodurch nur eine gewisse Tendenz beschrieben werden kann.

Die größten Unterschiede lassen sich in der Tötungsart und der Motivation erkennen. Die Zeitspanne, in der der erste Mord begangen wird ist bei Frauen deutlich weit gefasster als bei Männern.

6. Fazit

Bezogen auf die Fragestellung: „Warum und wie Frauen in Serie töten?" ist festzuhalten, dass weibliche Serientäter als planvoller und heimtückischer vorgehen. Dies wird durch die Vorliebe zu Gift und Medikamente, als beliebteste Mordwaffe, bestätigt. Weibliche Täter werden aufgrund dieses Vorgehens erheblich seltener gefasst bzw. sind die Zeitabstände in denen sie gefasst werden deutlich länger. Sie töten nicht offensichtlich, was den Nachweis des Mordes deutlich erschwert. Die bevorzugten Orte sind die Häusliche oder die Arbeitsumgebung. Besonders im Arbeitsumfeld haben sich, in den vergangenen Jahrhunderten, immer wieder Nischen gebildet, die ein ungehindertes Morden ermöglichten. In diesem Zusammenhang ist die Kinderwirtschaft und die Patiententötung zu nennen. Innerhalb dieser Nischen können sich Serienmörderinnen, begünstigt durch vorliegende Systeme und Strukturen, ungesehen bewegen. Sein es die schlechten Zustände von Kindereinrichtungen und das staatliche Desinteresse die Fürsorge zu überwachen oder auch die Wahl des Krankenhauses/ Pflegeheims indem der Tod zum Alltag gehört und selbst die Mordwaffe direkt verfügbar ist, kombiniert mit der Angst vor Rufschädigung für die Einrichtungen. Das ausnutzen dieser Nischen und Umstände lässt die Serienmörderin noch deutlich heimtückischer und planvoller wirken.

Außerdem sind ihre Morde deutlich persönlicher, da sie häufiger das nähere Umfeld betreffen und somit eine Täter-Opfer Beziehung besteht, oder sie sich gegen Schutzbefohlene richten.

Das warum kann nicht abschließend beantwortet werden, da bei jeder Tat auch individuelle Aspekte eine Rolle spielen, welche eine generalisierte Aussage unmöglich macht. Trotz allem lassen sich Gewisse Tendenzen erkennen und wesentliche Merkmale beschreiben, die gehäuft auftreten. Ein fortlaufendes Motiv in der seriellen Tötung durch Frauen ist die Bereicherung an finanziellen und Materiellen Gütern. Ein weiteres erkennbares Muster ist eine vorhandene emotionale Labilität und ein vermindertes Selbstbewusstsein/ Selbstwertgefühl. Zudem fehlen Lösungsstrategien mit alltäglichen beruflichen und privaten Problemen umzugehen, die diese Frau in eine Sackgassensituation bringen aus der sie keinen anderen Ausweg sehen als sich der Probleme auf dem schnellsten Weg zu entledigen. Hierzu zählen die Tötung von Ehemännern, Partnern und Kindern. Die Frau versucht sich schnellstmöglich aus der Konfliktsituation zu begeben, da ihr die Kompetenz fehlt eine normale Lösung zu finden. Ehe- bzw. Beziehungsprobleme werden nicht gelöst sondern im Keim erstickt. Auch versuchen sich solche Frauen aus schwierigen Verhältnissen zu lösen, zum Beispiel bei Gewalt oder dem Ausnutzen (finanziell, psychisch) durch den Partner, indem sie ihre Partner töten. Eine weitere Komponente sind psychische Störungen die den Mord begünstigen.

Die letzte Fragestellung beschäftigt sich mit den Unterschieden von männlichem und weiblichen Tötungsverhalten. Wie schon im letzten Kapitel beschrieben finden sich die Unterschiede in der Wahl der Mordwaffe, da Frauen einfachere Mittel nutzen ohne großen Kraftaufwand, wie zum Beispiel Gift und Medikamente, während Männer eine deutlich persönlichere Mordwaffe nutzen, wie die Strangulation in unterschiedlichen Formen. Männer gehen bei ihren Taten deutlich grausamer vor und foltern und missbrauchen ihre Opfer, während dies bei Frauen als Einzeltäter sehr selten der Fall ist. Eine Verschiebung ergibt sich meist dann, wenn Frau und Mann ein mordendes Paar bildet.

Frauen töten vermehrt im persönlichen Umfeld oder am Arbeitsplatz, während bei Männern deutlich seltener eine Täter - Opfer Beziehung im Vorfeld besteht.

Die Motivation aus der heraus getötet wird unterscheidet sich. Männer töten aus abnormen sexuellen Phantasien oder aber um das opfer zu dominieren, was auch in Kombination möglich ist. Frauen haben oft persönlicher Gründe und entledigen sich größerer Probleme oder bereichern sich durch den Mord finanziell.

Der letzte Unterschied liegt in der Zeitspanne indem der erste Mord geschieht, hierbei ist die Zeitspanne bei den Frauen deutlich größer als bei Männern.

Abschließend kann festgestellt werden, dass sich das weibliche Tötungsverhalten vom männlichen sehr unterscheidet. Die Forschung zu den verschiedenen Aspekten der seriellen Tötung ist jedoch noch am Anfang, wodurch sich in der Zukunft neue Erkenntnisse zu weiblichem Tötungsverhalten ergeben sollten. Der allgemeine Konzens sieht in der Frau weiterhin keine mordende Person. Um weitere Ergebnisse zu erzielen müssen weibliche Serienmorde isolierter von denen der Männer betrachtet werden. Gewalt und Serienmord solle nicht als rein männliches Phänomen betrachtet werden, da sich einige signifikante Unterschiede zu den Frauen ergeben. Besonders im Bereich von Prävention und Aufklärung ist ein unbefangener Blick äußerst wichtig.

7. Literaturverzeichnis

Beine, Karl (2007): Tötungsserien in Krankenhäusern und Heimen: Morden gegen das Leiden. In: Deutsches Ärzteblatt Heft 34-35. 2007 Seite 34-35

Bleyl, Henning (2010): Auch Olbers war schuld! Giftmörderin Gesche Gottfried neu erforscht. http://www.taz.de/!5146440/ zuletzt aufgerufen 6.7.2017

Burgheim, Joachim (1994): Besonderheiten weiblicher Tötungsverbrechen. In Monatszeitschrift für Kriminologie. 1994 Heft 4. Seite 232 – 237

Duden Online (2016): Serienmörder. http://www.duden.de/rechtschreibung/Serienmoerder. Zuletzt aufgerufen 5.7.2017

Ebner, Christian (2008): Frauen morden anders als Männer. Interview mit Stephan Harbort. http://www.tagesspiegel.de/weltspiegel/kriminalitaet-frauen-morden-anders-als-maenner/1314664.html Zuletzt aufgerufen 3.7.2017

Egle, U.; Hoffmann, S.; Steffens. M. (1997): Psychosoziale Risiko- und Schutzfaktoren in Kindheit und Jugend als Prädisposition für psychische Störungen im Erwachsenenalter Gegenwärtiger Stand der Forschung. In: Der Nervenarzt. September 1997 Heft 9. Seite 683-695

Harbort, Stephan (1999): Kriminologie des Serienmörders Teil 1.Forschungsergebnis einer empirischen Analyse serieller Tötungsdelikte in der Bundesrepublik. In Kriminalistik. 10/99 Seite 642-650

Harbort,Stephan)2008):Wenn Frauen morden.Spektakuläre Fälle- vom Gattenmord bis zur Serientötung.Erstausgabe. Frankfurt am Main

Harbort, Stephan (2017): Killerfrauen. Deutschlands bekanntester Serienmordexperte klärt auf. Erstauflage. München

Häßler,Frank (2014): Kindstötung – wie lässt sich das erklären?. In: Kriminalistik. 4/2014 Seite 203 – 207

Köhler, Dennis (2002): Die Persönlichkeit von Serienmörder. Entwurf einer prototypischen Persönlichkeitsbeschreibung. In: Kriminalistik 2/02 Seite 92 - 95

Murakami, Peter und Julia (2003): Lexikon der Serienmörder. 9 Auflage. Ulm

Neubacher,Frank (2003): Serienmörder. Überblick über den wissenschaftlichen Erkenntnisstand In Kriminalistik 1/03 Seite 43-48

Newton, Michael (2000): Die große Enzyklopädie der Serienmörder. 6.Auflage.Graz

Nonnenmacher (2016): Arsenintoxikation. http://symptomat.de/Arsenintoxikation zuletzt aufgerufen 6.7.2017

8. Anhang

Weibliche Stichprobe

Für die Stichprobe wurden aus einer Grundgesamtheit von 109 gelisteten Serienmörderinnen, via Zufallsziehung, 30 weibliche Täterinnen ausgewählt. Für die Auflistung wurden folgende Quellen genutzt: Newton, M.: Die große Enzyklopädie der Serienmörder, Murakami, J. Und P.: Lexikon der Serienmörder und murderpedia.org.

1. **Aldrete, Sara Maria**

   Ort/Zeit: Mexiko 1987 - 1989

   Opfer: 5 - 15

   Vorgehen: erstechen

   Urteil: 62 Jahre Haft

   Besonderheiten: → Ritualmorde im Zuge einer satanistischen Sekte „Luzifers Kinder"

2. **Ambrose, Lyda**

   Ort/Zeit: USA 1917 - 1920

   Opfer: 5 (Ehemann und Liebhaber)

   Vorgehen: Vergiftung mit Arsen

   Urteil: lebenslange Haft

   Besonderheiten: → erhielt das Erbe ihrer Opfer

3. **Barfield, Velma Margie**

   Ort/Zeit: USA 1971 - 1978

   Opfer: 7 (2 Ehemänner, Lebensgefährte, 4 Arbeitgeber)

   Vorgehen: Vergiftung mit Arsen

   Urteil: zum Tode verurteilt - Giftspritze

   Besonderheiten: → Motiv: wollte ihren Drogenkonsum finanzieren

   → erste Frau nach Wiedereinführung d. Todesstrafe, die hingerichtet wurde

   → wurde im Gefängnis Christen, schrieb mit am Buch „Woman on Death Row"

4. **Bathory, Ezsebet**

   Ort/Zeit: Ungarn 16 Jahrhundert

   Opfer: mindestens 80

   Vorgehen: Folterung bis hin zum Tod

   Urteil: wurde in eine Kammer eingeschlossen

   Besonderheiten: → man ging davon aus das sie nur verurteilt wurde, da sie auch adlige
   Frauen tötete

   → ihr wurde nachgesagt in Jungfrauen Blut zu baden → Blutgräfin

5. **Blauensteiner, Elfriede**

   Ort/Zeit: Krems bei Wien 1992 - 1997

   Opfer: 5 – 7 (Ehemann, Liebhaber und andere Männer)

   Vorgehen: Vergiftung mit Medikamente (Blutzucker senkende Medikamente)

   Urteil: lebenslange Haft

   Besonderheiten: → Spielsüchtig

   → erbte von ihren Opfern

6. **Cianciulli, Leonarda**

   Ort/Zeit: Italien 1939 – 1940

   Opfer: 3 (Frauen aus der Nachbarschaft)

   Vorgehen: Vergiftung, danach ermordet mit einer Axt

   Urteil: 30 Jahre Haft, danach 3 Jahre in einer Pflegestätte

   Besonderheiten: → ihre Opfer waren Menschenopfer um ihren Sohn vor dem Militäreinzug
   zu schützen

   → zerteilte ihre Opfer in 9 Teile und machte Seife aus den Stücken

   → aus dem Blut machte sie Kekse, die sie an Gäste verteilte und auch
   selbst aß

7. **Cotton, Mary Ann**

   Ort/Zeit; England 1857 - 1873

   Opfer: ca. 14 (3 Ehemänner, 1 Liebhaber, Schwägerin, eigene und anvertraute Kinder)

   Vorgehen: Vergiftung mit Arsen

   Urteil: zum Tode verurteilt – gehängt

   Besonderheiten: → nachweisbar nur der Mord an ihrem Sohn

8. **Dyer, Amelia Elizabeth**

Ort/Zeit: England 1880 - 1890

Opfer: unbekannt (Babys und Kinder) (Anklage wegen 15fachen Mord)

Vorgehen: Strangulation

Urteil: zum Tode verurteilt - gehängt

Besonderheiten: → arbeitete als „Babyfarmerin"

→ auf die Frage wie viele Kinder sie umbrachte und wo die Leichen sind
sagte sie: „Die von mir Ermordeten könnt ihr erkennt an den Stricken um
den Hälsen erkennen."

→ entsorgte die Leichen in Flüssen

9. **Falling, Christine**

Ort/Zeit: Florida 1980 - 1982

Opfer: 5 (Babys und Kinder)

Vorgehen: ersticken

Urteil: lebenslange Haft → Einweisung in psychiatrische Klinik für 25 Jahre

Besonderheiten: → arbeitete als Babysitterin und wirkte freundlich und zuverlässig

10. **Fikácková, Marie**

Ort/Zeit: Tschechoslowakei 1957 - 1960

Opfer: 10

Vorgehen: erschlagen

Urteil: zum Tode verurteilt - gehängt

Besonderheiten: → erklärte der Polizei sie konnte das Geschrei der Babys nicht ertragen

11. **Gottfried, Gesche Margaretha**

Ort/Zeit: Norddeutschland/ Bremen 1813 - 1827

Opfer: 16 (2 Ehemänner, 2 Kinder, Eltern, Bruder, Arbeitgeberin + ihre 5 Kinder + weitere)

Vorgehen: Vergiftung mit Arsen

Urteil: zum Tode verurteilt - enthauptet

Besonderheiten: → mit 15 schon zahlreiche sexuelle Affären

→ vom Ehemann misshandelt/ misshandelte ihre Kinder

→ laut eigener Aussage empfand sie sexuelle Befriedigung beim Mord

→ vergiftete 30 Leute – 16 Menschen starben

12. Hilschenz, Sabine

Ort/Zeit: Brandenburg 1992 - 1998

Opfer: 9 (ihre eigenen Kinder)

Vorgehen: Unterlassen (wartete nach der Geburt bis sie unterkühlt waren und nicht atmeten)

Urteil: 15 Jahre Haft

Besonderheiten: → wird als unselbstständig beschrieben

→ schwieg vor Gericht bis zum Schluss

13. Ishikawa, Miyuki

Ort/Zeit: Japan 1944 - 1948

Opfer: 85 - 169

Vorgehen: Vernachlässigung bis zum eintritt des Todes

Urteil: 8 Jahre

Besonderheiten: → argumentierte, die Eltern der Kinder wären mit verantwortlich, was

akzeptiert wurde

→ Strafe wurde im Verlauf halbiert

14. Jackson, Vickie Dawn

Ort/Zeit: USA 2000 - 2001

Opfer: mindestens 10

Vorgehen: Vergiftung mit Medikamenten

Urteil: lebenslange Haft

Besonderheiten: keine

15. Jones, Genene

Ort/Zeit: USA 1977 - 1982

Opfer: ca. 11

Vorgehen: Vergiftung mit Medikamenten (Heparin, Succinylcholin, Digoxin)

Urteil: 159 Jahre Haft

Besonderheiten: keine

16. Lesage, Celine

Ort/Zeit: Frankreich 2000 - 2007

Opfer: 6 (eigene Babys)

Vorgehen: ersticken und strangulieren

Urteil: 15 Jahre Haft

Besonderheiten: keine

17. Locusta

Ort/Zeit: Rom 54 n. Chr.- 69 n. Chr.

Opfer: unklar

Vorgehen: Vergiftung

Urteil: angeblich öffentliche Vergewaltigung durch abgerichtete Giraffe – zerrissen von wilden Tieren

Besonderheiten: → erster dokumentierter Serienmord

→ ermordete Kaiser Claudius

18. Nölle, Marianne

Ort/Zeit: Köln 1984 – 1992

Opfer: 17

Vorgehen: Vergiftung mit Medikamenten (Truxal)

Urteil: lebenslange Haft

Besonderheiten: → bestreitet bis heute die Taten begangen zu haben

19. Overbye, Dagmar Johanna Amalie

Ort/Zeit: Dänemark 1913 - 1920

Opfer: ca. 25 (Kinder)

Vorgehen: strangulieren, ertrinken, verbrennen

Urteil: lebenslange Haft

Besonderheiten: → wurde zum Tode verurteilt → umgewandelt in lebenslange Haft

→ wurde als Kind missbraucht

20. Popova

Ort/Zeit: Russland 1879

Opfer: ca. 300 Männer (direkt oder indirekt beteiligt)

Vorgehen: Vergiftung

Urteil: zum Tode verurteil → erschossen

Besonderheiten: → heiratete auf Bestellung Männer, die sie dann vergiftete

→ mordete aus Männerhass

21. Puente, Dorothea

Ort/Zeit: Sacramento 1986 -1988

Opfer: 9 – 25

Vorgehen: Vergiftung mit Medikamenten (Benzodiazepine)

Urteil: 3mal lebenslängliche Haft

Besonderheiten: → erhielt Renten- und Wohlfahrtsschecks von ihren Opfern

→ versuchte Verhaftung zu umgehen und floh nach Los Angeles wurde

nach einer Woche, wegen neuer Verbrechen gefasst

22. Rachals, Terri

Ort/Zeit: USA 1985

Opfer: mindestens 11

Vorgehen: Vergiftung mit Medikamenten (Potassium Chlorid)

Urteil: 17 Jahre Haft

Besonderheiten: → psychologisches Gutachten ergab eine Persönlichkeitsstörung, jedoch
war die Angeklagte im Stande recht und unrecht zu unterscheiden → Schuldspruch lediglich
wegen Körperverletzung (Geständnis Wiederrufen)

23. Renczi, Vera

Ort/Zeit: Rümanien 1920 - 1930

Opfer: 35 (2 Ehemänner, Sohn, 32 Liebhaber und Verehrer)

Vorgehen: Vergiftung mit Arsen

Urteil: zum Tode verurteilt → umgewandelt in lebenslange Haft

Besonderheiten: → wurde als promiskuitiv und rebellisch beschrieben

→ hatte Massengrab im Keller

→ Motiv laut Täterin: Eifersucht und Verlassensängste

24. Saltykowa, Darja Nikolajewna

Ort/Zeit: Russland um 1762

Opfer: 139

Vorgehen: Folterung bis hin zum Tod

Urteil: lebenslange Haft in einem unterirdischen Loch in einem Kloster

Besonderheiten: → fast alle Opfer weiblich, auch Kinder

→ Helfer in der Dienerschaft

→ vor der Haft für eine Stunde an den Pranger gestellt mit Aufschrift

„Peinigerin und Mörderin"

25. Savage, Gail

Ort/Zeit: USA 1990 - 1993

Opfer: 3 (ihre Kinder)

Vorgehen: ersticken

Urteil: 20 Jahre Haft

Besonderheiten: keine

26. Shermann, Lydia

Ort/Zeit: USA 1864 - 1871

Opfer: 11 (3 Ehemänner , ihre 7 Kinder, Stieftochter)

Vorgehen:Vergiftung mit Arsen und Rattengift

Urteil: lebenslängliches Zuchthaus

Besonderheiten: → tötete ersten Ehemann um Lebensversicherung zu erhalten

→ versicherte danach ihre 6 Kinder und tötete sie

→ heiratete danach wohlhabend neu und ermordete diese auch

27. Swanenburg, Maria Catherina

Ort/Zeit: Niederlande 1880 - 1883

Opfer: 27 - 90

Vorgehen: Vergiftung mit Arsen (unter anderem die Familie)

Urteil: lebenslange Haft

Besonderheiten: → Spitzname „Goeie Mie" (Gute Mia) – Fürsorge und Gutherzig

gegenüber Bewohnern des Armenviertels

→ die die nicht starben trugen schwere gesundheitliche Schäden davon

→ schloss Lebensversicherungen für ihre Opfer ab oder erbte von ihnen

28. Wiese, Elisabeth

Ort/Zeit: Hamburg 1902 - 1904

Opfer: 5 (anvertraute Kinder + Enkelkind)

Vorgehen: Vergiftung und ertränken

Urteil: zum Tode verurteilt - Guillotine

Besonderheiten: → versuchte ihren Mann zu töten, was scheiterte → Gefängnisstrafe

→ arbeitete als Pflegemutter

→ zwang ihre Tochter zur Prostitution

29. Wuornos, Aileen

Ort/Zeit: Florida 1989 - 1991

Opfer: 7 (lediglich 6 gestanden)

Vorgehen: Erschießen

Urteil: zum Tode verurteilt – elektrischer Stuhl → gestorben durch die Giftspritze

Besonderheiten: → arbeitete als Prostituierte

→ behauptete in Notwehr gehandelt zu haben – angebliche Vergewaltigung

→ wurde früher tatsächlich vergewaltigt

→ sagte „ Ich fühle mich wie eine Heldin, weil ich doch was Gutes getan habe, indem ich die Welt von diesen Dreckschweinen befreit habe."

30. Zwanziger, Anna Maria

Ort/Zeit: Nürnberg 1808 - 1809

Opfer: 3

Vorgehen: Vergiftung mit Arsen

Urteil: zum Tode verurteilt - enthauptet

Besonderheiten: → wurde als unansehnlich beschrieben

→ war äußerst Heiratswillig stieß aber auf Ablehnung

→ Täterin behauptete niemanden töten zu wollen, sie wollte nur krank machen

Männliche Stichprobe

Für die Stichprobe wurden aus einer Grundgesamtheit von 250 gelisteten Serienmördern, via Zufallsziehung, 30 männliche Täter ausgewählt. Für die Auflistung wurden folgende Quellen genutzt: Newton, M.: Die große Enzyklopädie der Serienmörder, Murakami, J. Und P.: Lexikon der Serienmörder und murderpedia.org.

1. **Berkowitz, David Richard geb 1953**
   Ort/Zeit: USA/ 1975 - 1977
   Opfer: 6
   Vorgehen: erschießen
   Urteil: 365 Jahre Haft
   Besonderheiten: → bekannt als Son of Sam
          → laut eigener Aussage hängen Taten mit ausgeübten okkulten und satanistischen Praktiken zusammen

2. **Boost, Werner geb. 1928**
   Ort/Zeit: Düsseldorf/ 1953 - 1956
   Opfer: mindestens 5 (Doppelmorde an Liebespaaren)
   Vorgehen: erschießen
   Urteil: lebenslanges Zuchthaus
   Besonderheiten: → hatte die Phantasie einen perfekten Mord zu begehen
          → wurde nur wegen des ersten Mordes verurteilt

3. **Bundy, Theodore Robert geb. 1946**
   Ort/ Zeit: USA/ 1974 - 1978
   Opfer: 28 - 60
   Vorgehen: erdrosseln oder erschlagen
   Urteil: zum Tode verurteilt – elektrischer Stuhl
   Besonderheiten: → lockte mit charmantem auftreten Frauen an abgelegene Orte – schlug oder würgte seine Opfer bis zur Bewusstlosigkeit – vergewaltigte sie und tötete im Anschluss und zerstückelte die Leichen
          → kehrte an den Tatort zurück um dort zu masturbieren
          → konnte 3x fliehen und wurde durch Zahnabdrücke überführt

4. **Christie, John Reginald Halliday geb. 1899**

Ort/Zeit: Großbritannien /1940er – 1950er Jahre

Opfer: ca. 6-8 (Ehefrau, Prostituierte, Mieterin seiner Wohnung)

Vorgehen: Strangulation

Urteil: zum Tode verurteilt - gehängt

Besonderheiten: → Hypochonder seit der Kindheit um Aufmerksamkeit zu erlangen

→ betäubte Opfer mit Leuchtgas

→ sexueller Missbrauch der Leichen (Nekrophil)

→ Spitzname: „Frauenwürger von London"

5. **Cole, Carroll Edward geb. 1938**

Ort/Zeit: USA /1948 - 1980

Opfer: 16

Vorgehen: erwürgt

Urteil: zum Tode verurteilt - Giftspritze

Besonderheiten: → von der Mutter als Kind misshandelt

→ immer wieder Straffällig (Diebstahl, Trunkenheit, Brandstiftung)

→ mehrere Psychatrieaufenthalte → äußerte Gewalt- und Mordphantasien

→ Alkoholabusus

→ Kannibale

6. **Corona, Juan Vallejo geb. 1934**

Ort/Zeit: USA/ 1971

Opfer: 24

Vorgehen: erschlagen

Urteil: 25 mal lebenslange Haft

Besonderheiten: → Schizophren sowie efferminiertes Verhalten, Annahme von Bisexualität

→ missbrauchte seine Opfer vor dem Tod

7. **Dahmer, Jeffrey Lionel geb. 1960**

Ort/Zeit: USA/ 1978 - 1991

Opfer: 17

Vorgehen: erwürgen

Urteil: lebenslange Haft – im Gefängnis ermordet

Besonderheiten: → war Homosexuell

→ missbrauchte Opfer vor und nach dem Tod

→ praktizierte Kannibalismus

→ Diagnose Paraphilie und dissoziale schizoide Persönlichkeitsstörung

→ zeigte Reue, war kooperativ – nicht aus Hass getötet

8. **Djabar, Abul geb. unklar**

Ort/Zeit: Afghanistan /1960er Jahre

Opfer: 65 - 300

Vorgehen: stranguliert

Urteil: zum Tode verurteilt - gehängt

Besonderheiten: → wurde 1970 auf frischer Tat ertappt

9. **Gacy, John Wayne Jr. Geb. 1942**

Ort/Zeit: USA/ 1972 - 1978

Opfer: 33

Vorgehen: ersticken mit Seil und Stock

Urteil: 21 mal lebenslange Haft und 12 mal zum Tode verurteilt - Giftspritze

Besonderheiten: → Missbrauchte seine männlichen Opfer

→ vorhandene Geisteskrankheit, alkoholkranker Vater, schwere Kopfverletzung in der Jugend

10. Gaskins, Donald Henry jr. Geb 1933

Ort/Zeit: USA/ 1969 - 1976

Opfer: 9 - 110

Vorgehen: ertränken oder erschlagen

Urteil: zum Tode verurteilt – elektrischer Stuhl

Besonderheiten: → als Kind misshandelt vom Stiefvater – keine Zuneigung von Mutter

→ als Jugendlicher beging er Einbrüche und Vergewaltigungen und Todschlag → Besserungsanstalt

→ schon vor seiner Mordserie tötete und vergewaltigte er, weshalb er mehrfach im Gefängnis saß

→ Motiv: Morde halfen ihm gegen die Depressionen

→ Sadist: folterte Opfer tagelang und missbrauchte sie sexuell

→ laut eigener Aussage Kannibale

11. Gein. Edward Theodore geb. 1906

Ort/Zeit: USA/ 1954 - 1957

Opfer: ca. 2

Vorgehen: erschlagen

Urteil: lebenslange Haft → Psychatrie

Besonderheiten: → durfte als Kind nur zum Schulbesuch zu Hause verlassen

→ Mutter predigte „Sündhaftigkeit menschlicher Sexualität"

→ laut Mutter: Sex dient nur zu Fortpflanzung und alle Frauen seien Huren

→ misshandelt durch den Vater/ starke emotionale Bindung an Mutter

→ betrieb Grab- und Leichenschändung → benutze Haut, Knochen etc. weiter und machte Lampen, Schüsseln und ähnliches daraus – besessen von Haut

→ nicht schuldfähig aufgrund von Geisteskrankheit - Nekrophil

12. Gufler, Max geb 1918

Ort/Zeit: Österreich/ 1952 - 1958

Opfer: 4 - 18

Vorgehen: ertränken

Urteil: lebenslange Haft

Besonderheiten: → durch Schädelverletzung litt er an unberechenbaren Gewaltausbrüchen

→ später erneute Schädelverletzung im Krieg – mental und körperlich eingeschränkt

→ Heiratsschwindler: sobald er ans Geld kam betäubte sie mit Barbitursäure und tötete sie (ließ es nach Selbstmord aussehen)

13. Haarmann, Fritz geb. 1879

Ort/Zeit: Hannover/ 1918 - 1924

Opfer: 24 - 27

Vorgehen: durchbeißen des Adamsapfels mit gleichzeitigem würgen

Urteil: zum Tode verurteilt - enthauptet

Besonderheiten: → Vater autoritär, Mutter verwöhnte ihn

→ vom Bruder sexuell missbraucht, missbrauchte selbst Kinder

→ wiederkehrende Halluzinationen → Diagnose unheilbarer Schwachsinn und hebephrene Schizophrenie, als Kind schwere Hirnhautentzündung

→ beging verschiedene Delikte → Homosexuelle Neigungen

→ geriet beim sexual Akt in einen unkontrollierbaren Rausch

→ beim Verhör wurde körperliche und psychische Gewalt angewendet

14. Hance, William Henry geb. 1952

Ort/Zeit: USA 1977 -1978

Opfer:ca. 3 (Prostituierte)

Vorgehen: erschlagen

Urteil: zum Tode verurteilt – elektrischer Stuhl

Besonderheiten: → meldete sich über Briefe bei der Polizei und der Presse

15. Heirens, William George geb. 1928

Ort/Zeit: USA/ 1945/46

Opfer: 3

Vorgehen: erstechen und erschießen

Urteil: lebenslange Haft

Besonderheiten: → hinterließ bei seinem zweiten Opfer die Botschaft: *„For heaven's sake catch me before I kill more I cannot control myself."*

→ Schizophrenie

→ Gestand die Taten unter Einnahme von Thiopental → zog zurück

→ immer wieder Mutmaßung er sei unschuldig

16. Honka, Fritz geb. 1935

Ort/Zeit: Hamburg 1970 - 1975

Opfer: 4 (Prostituierte)

Vorgehen: erdrosseln

Urteil: 15 Jahre Haft Unterbringung in Psychatrie

Besonderheiten: → vermindertes Selbstbewusstsein, klein, Sprachfehler, schielte

→ Sauberkeitswahn, Alkoholabusus, starke Macht und Dominanz Wunsch

→ Probleme beim sexuellen Vollzug (Weigerung, Motivationslos) mit den Opfern führten zum Mord sowie Beleidigungen durch diese

→ verminderte Schuldunfähigkeit – schwere seelische Abartigkeit mit Krankheitswert

17. Ionosyan, Vladimir M. Geb. 1938

Ort/Zeit: Russland/ 1964

Opfer: 5

Vorgehen: erschlagen

Urteil: zum Tode verurteilt - Erschießungskommando

Besonderheiten: keine

18. Ireland, Colin geb. 1954

Ort/Zeit: Großbritannien/ 1993

Opfer: 5

Vorgehen: Strangulation

Urteil: lebenslange Haft

Besonderheiten: → Opfer waren homosexuell

→ leugnete immer wieder aus sexuellen Motiven gehandelt zu haben und auch nicht aus Hass getötet zu haben – sie waren einfach leichte Ziele

→ raubte seine Opfer aus

19. Maudsley, Robert John geb. 1953

Ort/Zeit: Großbritannien/ 1974-1978

Opfer: 4

Vorgehen: Strangulation und erstechen

Urteil: lebenslange Haft - Einzelhaft

Besonderheiten: → Eltern vernachlässigten ihn → aufgewachsen in katholischen Waisenhaus – vom Vater sexuell missbraucht

→ Drogenabhängig, diverse Suizidversuche → psychiatrische Behandlung

→ Arbeitete als „rent boy" - dabei Hass auf Pädophile entwickelt

→ tötete erstes Opfer, da es ihm kinderpornographische Fotos zeigte – Opfer wurde schwer entstellt → sollte nicht mehr als Mensch erkennbar sein

→ tötete Mitinsassen im Gefängnis – folterte es, tötete es und aß das Gehirn

→ Bezeichnung als der wahre Hannibal Lectar – Verlegung in spezielle Zelle die vollständig aus Panzerglas bestehen – kein Kontakt zu anderen Gefangenen

20. Milat, Ivan Robert Marko geb. 1944

Ort/Zeit: Australien/ 1989 - 1994

Opfer: 7

Vorgehen: erschießen und erstechen

Urteil: lebenslange Haft plus 18 Jahre Haft

Besonderheiten: → schon als Jugendlicher Schießtraining

→ große Familie (13 Geschwister) in ärmlichen Verhältnissen

→ Motivation: reine Mordlust

21. Northcott, Gordon Stewart geb. 1906

Ort/Zeit: USA/ 1928

Opfer: 3 - 20

Vorgehen: erschlagen und erschießen

Urteil: zum Tode verurteilt - gehängt

Besonderheiten: → missbrauchte seine Opfer sexuell

→ wurde als homosexueller Sadist beschrieben

22. Pitschuschkin, Alexander geb. 1974

Ort/Zeit: Russland/ 1992 - 2006

Opfer: 48 - 63

Vorgehen: erschlagen, erschießen, erwürgen, ertrinken

Urteil: lebenslange Haft

Besonderheiten: → über ersten Mord sagte er: „Der erste Mord ist wie das erste Mal verliebt sein – unvergesslich."

→ Opferwahl: Ältere, Behinderte, Obdachlose, Alleinstehende – Schwache

→ Motiv: wollte bekanntester und gefürchtetster Serienmörder Russlands werden und Anrej Chikatilo übertrumpfen → Geltungssüchtig

→ war Stolz auf seine Taten: Mord ist wie Nahrung, sah sich als Gott über Leben und Tod

23. Rader, Dennis. L. geb. 1945

Ort/Zeit: USA/ 1974 - 1991

Opfer: 10

Vorgehen: Strangulation, erstechen

Urteil: zehnfach lebenslange Haft

Besonderheiten: → wird als streng, schikanierend und unnachgiebig beschrieben

→ in soziales Leben integriert

→ Abschluss in Justizverwaltung

→ BTK Killer nannte er sich selbst (**B**ind **T**orture **K**ill)

→ kontaktierte via Briefe die Medien

→ Sadist mit Fetischismus – Missbrauchte Opfer

24. **Schaefer, Gerard John geb. 1946**

Ort/Zeit: USA/ 1969 -1973

Opfer: 2-9

Vorgehen: Strangulation und erschießen

Urteil: lebenslange Haft

Besonderheiten: → glaubte Vater bevorzugt seine Schwester

→ besessen von Frauenhöschen und Voyeur

→ tötete schon Tiere in seiner Jugend → missbrauchte seine Opfer

25. **Shipman, Harold geb. 1946**

Ort/Zeit: Großbritannien/ 1970 - 1998

Opfer: 250 - 459

Vorgehen: Medikamentenüberdosis

Urteil: 15facher lebenslanger Haft

Besonderheiten: → schwieg seit seiner Verurteilung zu Motiv und Taten

→ erhängte sich 2004 in seiner Zelle

26. **Thwala, Sipho geb. 1968**

Ort/Zeit: Südafrika/ 1996/97

Opfer: ca. 16

Vorgehen: Strangulation

Urteil: 506 Jahre Haft

Besonderheiten: → Vergewaltigte seine Opfer

27. **Vacher, Joseph geb. 1869**

Ort/Zeit: Frankreich/ 1894 - 1897

Opfer: 11

Vorgehen: erstechen

Urteil: zum Tode verurteilt - Guillotine

Besonderheiten: → Verhaltensstörungen und Suizidversuche

→ schoss auf Frau die Heiratsantrag ablehnte → Suizidversuch mit

körperlichen und geistigen Folgeschäden – Psychatrieaufenthalt

→ vergewaltigte Opfer prä- und postmortem, Trank ihr Blut und

verstümmelte sie – Männer und Frauen

28. Yershov, Vadim geb. 1973

Ort/Zeit: Russland/ 1997

Opfer: 19

Vorgehen: erstechen

Urteil: zum Tode verurteilt – aufgehoben – lebenslange Haft

Besonderheiten: → vergewaltigte und verstümmelte seine Opfer

29. Yukl, Charles William geb. 1935

Ort/Zeit: USA 1966/ 1974

Opfer: 2

Vorgehen: Strangulation und erstechen

Urteil: lebenslange Haft

Besonderheiten: → erhängte sich im Gefängnis

30. Zarinsky, Robert geb. 1940

Ort/Zeit: USA/ 1958- 1974

Opfer: ca. 2-6

Vorgehen: Strangulation und erschießen

Urteil: lebenslange Haft

Besonderheiten: → vergewaltigte seine Opfer – Frauen und Männer

Ingram Content Group UK Ltd.
Milton Keynes UK
UKHW040807240723
425668UK00003B/221